Warren Buffett em 250 frases

organizado por
David Andrews

Warren Buffett em 250 frases

TRADUÇÃO
Fátima Santos

1ª edição

Best*Seller*

Rio de Janeiro | 2013

CIP-BRASIL. CATALOGAÇÃO NA FONTE
SINDICATO NACIONAL DOS EDITORES DE LIVROS, RJ.

Buffett, Warren
B945w   Warren Buffett em 250 frases / organizado por David Andrews; tradução: Fátima Santos. — Rio de Janeiro: BestSeller, 2013.

Tradução de: The Oracle Speaks
ISBN 978-85-7684-683-3

1. Buffett, Warren - Citações. 2. Capitalistas e financistas - Estados Unidos — Biografia. 3. Investimentos — Estados Unidos. 4. Negócios — Estados Unidos. I. Andrews, David. II. Título.

12-9288.   CDD: 332.6
                                                        CDU: 336.76

Texto revisado segundo o novo Acordo Ortográfico da Língua Portuguesa.

Título original norte-americano
THE ORACLE SPEAKS
Copyright © 2012 by Agate Publishing, Inc.
Copyright da tradução © 2013 by Editora BestSeller Ltda.

Editoração eletrônica: FA editoração

Todos os direitos reservados. Proibida a reprodução,
no todo ou em parte, sem autorização prévia por escrito da editora,
sejam quais forem os meios empregados.

Direitos exclusivos de publicação em língua portuguesa para o Brasil
adquiridos pela
EDITORA BEST SELLER LTDA.
Rua Argentina, 171, parte, São Cristóvão
Rio de Janeiro, RJ — 20921-380
que se reserva a propriedade literária desta tradução

Impresso no Brasil

ISBN 978-85-7684-683-3

Seja um leitor preferencial Record.
Cadastre-se e receba informações sobre nossos lançamentos e nossas promoções.

Atendimento e venda direta ao leitor
mdireto@record.com.br ou (21) 2585-2002

Sumário

INTRODUÇÃO 13

CITAÇÕES 17

Capítulo 1: Investindo 17
    Pesquisando investimentos 19
    Limitando seus investimentos 19
    Investimentos e esportes 20
    Pensando em investimentos 21
    O temperamento do investidor 21
    Analisando dados financeiros 21
    Capacidade comum, resultados extraordinários 22
    A simplicidade do investimento 22
    Vencendo o mercado 23
    A vantagem de ter menos dinheiro 24
    Cota de ideias 25
    Investimento de longo prazo 25
    Especulação *versus* investimento 27
    Reagindo à incerteza 28
    Diversificação 28
    Negociação ativa 29
    Investimentos e as Leis do movimento 32
    Primeira ação de Buffett 33

Ambição, medo e compras 34
Quando comprar 34
Comprando hoje 35
Comportamento de mercado insensato 35
Comprando empresas em dificuldade 36
Comprando em momentos difíceis 36
Avaliando ações 37
A pergunta mais importante 37
Um pássaro na mão 38
Quando não comprar 38
Posto de gasolina de Buffett 39
Quando pular do barco 39
O nascimento de Buffett e o mercado 40
Hiperventilando com o Dow 40
O mercado é uma máquina de votar 41
Dividindo ações 41
Incerteza 42
Títulos 42
Bens primários 42
Ouro 43
O valor do dinheiro 44
Apego ao dinheiro 44

Capítulo 2: Wall Street e a especulação 45
O valor de Wall Street 47
Investidores no País das Maravilhas 48
Permanecendo sóbrio no mercado 48
Ideias ruins em Wall Street 49
Terminologia ruim 49
A sedução da especulação 50

Lucrando com bolhas   50
Pressão dos colegas e a causa das bolhas   51
Mais uma bolha   51
Quando as bolhas estouram   52
Dinheiro fácil   52
Alavancagem excessiva   53
Alavancagem viciante   54
O perigo da alavancagem   55
Pessoas inteligentes e a alavancagem   56
Derivativos   56
Swaps de crédito   57

Capítulo 3: Empresas   59
Conhecendo seus limites   61
Avaliando o poder   61
Fossos empresariais   62
Entendendo um negócio   63
Negócios de primeira linha   65
Empresas dependentes de capital   66
Encontrando excelentes negócios   66
Jornais   67
A abordagem da fofoca   68
Não converse com corretores   68
Saber o que você sabe   69
Crescimento *versus* lucros   70
Comprando empresas *versus* ações   71
Procurando "elefantes"   72
See's Candy   72
Coca-Cola e felicidade   73
O gosto dos refrigerantes tipo cola   74

Hershey's 75
Gillette 75
O *Daily Racing Form* 76
Walt Disney Company 77
Lucrando com a internet 79
A publicidade exagerada das empresas
de internet 79
Têxteis 80
Ética corporativa 81
Empresas expostas 82
Riscos e a natureza humana 82
A estrada principal na América empresarial 83
Lucros inflacionados 83
Roupa suja empresarial 84
Avaliação contábil das opções de ações 84
Ética do CEO 85

Capítulo 4: Berkshire Hathaway 87
Uma boa decisão 89
A importância de uma boa decisão 89
Mais dinheiro do que ideias 89
Cometendo erros 90
Nunca olhar para trás 90
Erros de omissão 91
Ganhando dinheiro juntos 91
Estruturando negócios 92
Supervisionando os negócios da Berkshire 92
Mantendo-se nos negócios 93
Vendendo empresas abaixo da média 93

Nenhuma estratégia de saída   94
Congregação da Berkshire   94
Pagando os diretores da Berkshire   95
Falha institucional e remuneração dos CEOs   96
Inflando os CEOs   96
As qualidades de um bom CEO   97
Como não escolher diretores   98
Pagando demais por CEOs   98
Pagando pelo desempenho do CEO   99
Substituindo CEOs   100
CEOs e reforço negativo   100
Mordomias dos CEOs   101
Gerentes pensando como proprietários   103
Gerentes da Berkshire   104
Gerenciando campeões   105
Usando pessoas inteligentes   106
Atenção aos custos   106
Cortando custos   107
Gerenciando trabalhadores   107
Deixando os gerentes gerenciarem   108
A reputação dos gerentes   109
Jay-Z, homem de negócios   110
Contratando   110
Gostar de trabalhar   110

**Capítulo 5: Diretrizes e políticas dos
Estados Unidos   111**
Apostando nos Estados Unidos   113
Recuperação econômica   114

Os Estados Unidos desde 1930   115
Os Estados Unidos resolvem problemas   116
Previsões econômicas   116
Comércio global   117
Criando empregos   118
Inflação   118
A crise financeira de 2008   119
Intervenção governamental na crise
    financeira   120
Bank of America e a crise financeira   122
Oportunidades durante a crise financeira   122
A importância do crédito   122
Fraude no sistema financeiro   123
Emprestando após a crise financeira   123
O orçamento dos Estados Unidos e os déficits
    comerciais   123
O plano Simpson-Bowles   124
Dívida do governo   125
Aumentando o teto da dívida   126
Democracia nos Estados Unidos   126
A morte de Osama bin Laden   127
11 de setembro de 2001   127
China   128
A crise do euro   129
Barack Obama   129

Capítulo 6: Riqueza e impostos   131
Bens   133
Poder amplificador do dinheiro   133
Riqueza e satisfação   134

Dividindo o bolo econômico 135
A maré crescente de riqueza 135
A fonte de riqueza de Buffett 136
Herança 136
A sorte de Buffett 138
Alíquota de impostos das pessoas ricas 139
Impostos para operadores de fundos
de hedge 140
Sacrifício compartilhado 140
O imposto sobre propriedades 141
Impostos pagos pela Berkshire 142
Reforma fiscal neutra com relação à renda 143
Lobby e o código tributário 144
Desigualdade de renda 144
A "Regra de Buffett" 146

Capítulo 7: Lições de vida 149
Amor incondicional 151
O pai de Buffett 151
Vantagens de Buffett 152
Rebeldia infantil 152
Aprendendo ética 153
A mulher de Buffett 153
Com quem se casar 154
Planos de vida 154
Provocando Jay-Z 154
Rotina diária 155
Paciência 155
Confiança em si mesmo 156
Quem Buffett ouve 157

Indicador de avaliação interno   157

Seu melhor investimento   157

Trabalho desagradável   158

Amando seu trabalho   158

Integridade   159

Qualidades para o sucesso   160

Temperamento   161

Velhice   161

Medindo o sucesso   162

Cuidando de você mesmo   162

A lista Forbes   163

Aposentando-se   164

Gerenciando postumamente   164

Os desafios da filantropia   165

Dando um retorno para a sociedade   166

Doando para a Gates Foundation   167

Uma sociedade justa   170

LINHA DO TEMPO   173

Participações públicas da Berkshire Hathaway   182

Subsidiárias da Berkshire Hathaway   184

REFERÊNCIAS   187

Introdução

Quando chegar à minha idade, você medirá o sucesso na vida pelo número de pessoas que desejou que o tivessem amado e que de fato o amam. Conheço pessoas que têm muito dinheiro, são homenageadas em grandes jantares, têm alas inteiras de hospitais batizadas com seu nome e fazem todo tipo de coisa. Porém, a verdade é que ninguém no mundo as ama. Se você chegar à minha idade e não houver ninguém que goste de você, não importa o tamanho de sua conta bancária, [sua vida] terá sido um desastre.

— Warren Buffett

É possível perdoar Warren Buffett pela falta de modéstia. Em seu escritório em Omaha, Nebraska — sem o auxílio de um computador —, ele desenvolveu um desempenho histórico de investimentos que de longe ultrapassa os de seus colegas em Wall Street, ou os de qualquer outra pessoa no mundo, a bem da verdade. Enquanto os principais índices de ações estavam rendendo cerca de 11% ao ano desde a década de 1950 até a

WARREN BUFFETT EM 250 FRASES

década de 1990, Buffett estava tomando decisões sobre investimentos que rendiam cerca de 29% ao ano, o que resultou em um banco de investimentos — a Berkshire Hathaway — que é atualmente o oitavo maior negócio no mundo e lhe proporcionou um lucro de 44 bilhões de dólares.

No entanto, o Oráculo de Omaha é modesto quando fala das próprias habilidades. Embora reconheça que tem uma habilidade única para avaliar negócios, ele não se sente merecedor da vasta riqueza que isso lhe conferiu. Ao contrário, gosta de dizer que ganhou na "loteria ovariana" por ter nascido com o conjunto certo de características, na família certa, no lugar certo e no tempo certo. Tivesse ele nascido alguns séculos antes ou em algum país em desenvolvimento, sua habilidade para alocar capitais poderia ter sido inútil. Essa é uma razão para Buffett ter se comprometido em dar a maior parte de seu patrimônio para a caridade: Bill and Melinda Gates Foundation e as fundações administradas por seus três filhos.

Embora fale com modéstia sobre si mesmo, Buffett não evita os holofotes. Ele está mais do que determinado a expor suas ideias sobre teorias de investimento, as últimas notícias, a política fiscal ou a forma de viver uma vida compensadora. Ele passa horas falando de investimentos na CNBC, escreve editoriais para o *New York Times* e compartilha histórias coloquiais em seu relatório anual para os acionistas da Berkshire Hathaway (citações de cada uma dessas histórias podem ser encontradas nas páginas a seguir).

Introdução

No que tange aos investimentos, Buffett tem poucas regras. Procure por empresas com uma "vantagem competitiva duradoura" — aquelas que poderiam aumentar seus preços amanhã sem perder clientes. Assim que achar um desses negócios, compre ações se o preço for justo e, então, não venda. Um dos maiores erros que os investidores cometem, diz ele, é comprar e vender ações com frequência demasiada e pagar as comissões obrigatórias de corretores em cada transação. Essa é uma das razões (além de um sentimento pessoal de lealdade) por que a Berkshire Hathaway quase nunca vende as ações que compra, mesmo quando a empresa apresenta um desempenho fraco.

O conselho de Buffett sobre a vida também é simples. Procure uma profissão que você ame, case com a pessoa certa e ame sua família incondicionalmente. Acredite em si mesmo e não ouça muito os outros. São os conselhos que Buffett seguiu durante seus mais de 80 anos de vida, os quais lhe trouxeram não só uma imensa fortuna pessoal, como, ainda mais importante, uma vida amorosa e feliz.

CITAÇÕES

Capítulo 1: Investindo

Investindo

Pesquisando investimentos

Quando compro uma ação, penso como se estivesse comprando uma empresa inteira, exatamente como se estivesse adquirindo uma loja. Se eu fosse comprar a loja, iria querer saber tudo sobre ela.

— Forbes, *1º de novembro de 1969*

Limitando seus investimentos

Se ao se formar no mundo dos investimentos você ganhasse um cartão com apenas vinte oportunidades de investimento, sem a possibilidade de tornar a investir quando essas oportunidades tivessem acabado, você ganharia mais dinheiro do que se tivesse um cartão com um número ilimitado de oportunidades. Porque você iria se assegurar de que elas fossem bem-aproveitadas.

— *Palestra para graduandos da University of Notre Dame, 1991*

Investimentos e esportes

Considero investimentos o maior negócio do mundo, porque você nunca precisa fazer uma rebatida. Você se apresenta, o lançador lhe joga um General Motors a 47, U.S. Steel a 39, e ninguém penaliza você. Não há faltas, exceto as das oportunidades perdidas. Você espera o dia inteiro por aquele arremesso de que precisa; então, quando os jogadores do outro time estão desatentos, adianta-se e rebate.

— *Forbes, 1º de novembro de 1974*

Ted Williams descreveu em seu livro, *The Science of Hitting* [A ciência de rebater], que o mais importante — para um rebatedor — é esperar pelo arremesso certo. E essa é exatamente a filosofia que tenho sobre investimentos. Espero pelo arremesso certo, e espero pelo negócio certo. E ele virá. É a chave do investimento.

— *CBS News, 8 de fevereiro de 2012*

O grau de dificuldade é importante nas Olimpíadas, e não nos negócios. Você não ganha pontos extras pelo fato de algo ser muito difícil de fazer, por isso faz mais sentido saltar sobre varas de meio metro do que de dois metros de altura.

— *CNBC, 18 de outubro de 2010*

Investindo

Pensando em investimentos

A melhor forma de pensar em investimentos é ficar em uma sala sozinho e apenas pensar. Se isso não funcionar, nada mais funcionará.

— Seminário na University of Florida,
15 de outubro de 1998

O temperamento do investidor

O sucesso nos investimentos não depende de Q.I. desde que o seu seja maior que 25. Caso tenha inteligência normal, precisará apenas que seu temperamento seja capaz de controlar os impulsos que levam outras pessoas a ter problemas em investimentos.

— BusinessWeek, 5 de julho de 1999

Analisando dados financeiros

Se simplesmente consultar dados financeiros do passado pudesse revelar o que o futuro trará, a Forbes 400 seria composta de bibliotecários.

— Carta aos acionistas da Berkshire Hathaway,
fevereiro de 2009

Capacidade comum, resultados extraordinários

O que fazemos não está além da capacidade de ninguém. Penso desta forma com relação a gerenciar e a investimentos: não é necessário fazer algo extraordinário para obter resultados extraordinários.

— Fortune, *11 de abril de 1988*

A simplicidade do investimento

Desenhe um círculo em torno dos negócios dos quais você entende e, em seguida, elimine os que não se qualificam com relação ao valor, ao bom gerenciamento e à vulnerabilidade limitada em momentos difíceis.

— Forbes, *1º de novembro de 1974*

Não sei de nada agora que não soubesse aos 19 anos, quando li *O investidor inteligente*, de Benjamin Graham. Durante oito anos antes disso, fui um analista gráfico. Eu adorava tudo aquilo. Tinha gráficos saindo pelos ouvidos. Então, de repente, alguém me explica que nada daquilo era necessário; bastava comprar algo por menos do que valia.

— *Palestra para o corpo docente da University of Notre Dame, primavera de 1991*

Investindo

Tenho esse procedimento complicado que sigo todas as manhãs, o qual consiste em olhar no espelho e decidir o que vou fazer. E nesse momento sinto que todos já disseram o que queriam a meu respeito.

— The Snowball, *2008*

Vencendo o mercado

Não há nenhum pressentimento, intuição ou algo do tipo. O que faço é sentar e avaliar as perspectivas econômicas futuras de uma empresa.

— *Seminário com alunos da University of Nebraska-Lincoln, 10 de outubro de 1994*

Como você faz para vencer Bobby Fischer? É possível vencê-lo em qualquer jogo, menos xadrez. Tento participar dos jogos nos quais levo alguma vantagem.

— BusinessWeek, *5 de julho de 1999*

WARREN BUFFETT EM 250 FRASES

A maioria das pessoas não consegue ganhar mais do que alguns pontos percentuais acima da média do mercado. Costumo dizer que ainda espero me sair um pouco melhor do que a média, mas nada igual ao que fiz no passado. Não estaria administrando negócios se achasse que iria me manter apenas na média. Isso pode acontecer, mas sei que não consigo ir muito além do que alguns pontos acima. Porém, ainda assim é melhor do que a maioria das pessoas consegue fazer. Pode até ser melhor do que o que eu mesmo faço.

— Haaretz, *23 de março de 2011*

A vantagem de ter menos dinheiro

Se eu estivesse administrando um milhão de dólares hoje, ou mesmo 10 milhões, estaria totalmente investido. Qualquer um que diga que tamanho não prejudica o desempenho do investimento não está sendo sincero. As maiores taxas de retorno que já alcancei foram na década de 1950. Matei o Dow. Você devia ver os números. No entanto, eu estava investindo uma ninharia na época. É uma vantagem estrutural imensa não ter muito dinheiro. Acho que poderia ganhar 50% em um ano em cima de um milhão de dólares. Não, eu sei que poderia. Garanto isso.

— BusinessWeek, *5 de julho de 1999*

Investindo

Cota de ideias

Minha cota de ideias costumava ser como as cataratas do Niágara: eu tinha muito mais do que conseguiria usar. Agora, é como se alguém tivesse represado a água e a estivesse deixando fluir com um conta-gotas.

— Forbes, *1º de novembro de 1969*

Quando comecei, os bons negócios fluíam como a enchente de Johnstown; em 1969, era como um vazamento de vaso sanitário em Altoona.

— Forbes, *1º de novembro de 1974*

Investimento de longo prazo

Acredito em possuir bens produtivos... sejam fazendas, prédios de apartamentos ou negócios. Eles prosperarão com o tempo, e, às vezes, um segmento se sairá melhor do que o outro. Porém, se você possuir quaisquer desses bens durante os próximos vinte anos nos Estados Unidos, acredito que se dará bem.

— CNBC, *14 de novembro de 2011*

WARREN BUFFETT EM 250 FRASES

O futuro nunca é claro; paga-se um preço muito alto no mercado de ações por um consenso cordial. A incerteza, na prática, é a melhor amiga do comprador de valor a longo prazo.

— Forbes, *6 de agosto de 1979*

Não havemos de querer possuir bens onde o mundo mudará rapidamente, pois não creio que eu possa prever a mudança tão bem ou melhor do que quem quer que seja. Por isso, darei preferência àquilo que achar que será bastante estável, que tem excelentes fundamentos econômicos a seu favor.

— *Seminário com alunos da University of Nebraska-Lincoln, 10 de outubro de 1994*

Investindo

Especulação *versus* investimento

Não há nada de imoral, de ilegal ou que engorde na especulação, mas comprar uma quantidade de algo e esperar que alguém lhe pague mais pela mesma quantidade daqui a dois anos é um jogo completamente diferente do que comprar algo que você espera que produza renda ao longo do tempo. Comprei uma fazenda não muito distante daqui há trinta anos. Nunca tive nela uma oferta de compra desde então. O que faço é olhar o que ela produz a cada ano, e ela produz uma quantidade muito satisfatória com relação ao que paguei. Se o mercado de ações fosse fechado por dez anos e eu fosse proprietário da Coca-Cola, da Wells Fargo e de alguns outros negócios, isso não me incomodaria, porque estaria olhando para o que o negócio produz. Se compro uma loja do McDonald's, não recebo uma oferta de compra nela todos os dias. Examino o estado de meus negócios todos os dias. Esses são os tipos de bens que gosto de possuir, algo que, na prática, dará resultados e, espero, atenderá às minhas expectativas ao longo do ternpo.

— *CNBC, 2 de março de 2011*

WARREN BUFFETT EM 250 FRASES

Reagindo à incerteza

Se Ben Bernanke se aproximasse de mim e sussurrasse que ele fará X, Y ou Z amanhã, não acredito que eu mudaria minha visão sobre quais empresas desejo possuir. Desejo — serei proprietário desses negócios por anos, exatamente como se fosse dono de uma fazenda ou de um prédio de apartamentos, e haverá todo tipo de eventos e todo tipo de incerteza, e, no final, o que realmente contará é como esse negócio, fazenda ou prédio de apartamentos dará resultados com o passar dos anos.

— CNBC, 14 de novembro de 2011

Diversificação

Se seu objetivo não é gerenciar dinheiro de forma a obter um retorno significativamente melhor do que os outros, então acredito em diversificação extrema. Portanto, acredito que 98% a 99% das pessoas [...] que investem deveriam diversificar bastante, e não negociar constantemente; isso as levará a uma escolha do tipo fundo de índice com custos muito baixos. Tudo que elas estão fazendo é possuir uma parte dos Estados Unidos, e elas tomaram a decisão de que vale a pena ser proprietário de parte dos Estados Unidos.

— Seminário na University of Florida,
15 de outubro de 1998

Investindo

Se você de fato conhece o mundo dos negócios, possuir seis deles provavelmente não seria uma boa ideia. Se você for capaz de identificar seis negócios maravilhosos, essa é toda a diversificação de que precisa, e você fará muito dinheiro; e lhe garanto que entrar no sétimo [...] em vez de colocar mais dinheiro no primeiro será um erro terrível. Pouquíssimas pessoas ficaram ricas com sua sétima melhor ideia.

— Seminário na University of Florida,
15 de outubro de 1998

Negociação ativa

Qualquer ideia que faça as pessoas acreditarem que podem negociar ações ativamente e alcançar um resultado melhor do que se ficassem sentados em seus lucros é um erro terrível. As empresas norte-americanas têm dado retornos maravilhosos para os investidores ao longo dos anos, todavia muitos tiveram desempenhos ruins. Você pode dizer para si mesmo: "Se o Dow começou o século XX a 66 e agora está a 12 mil, como alguém poderia perder dinheiro?" No entanto, as pessoas de fato perdem dinheiro. Elas perdem dinheiro tentando entrar e sair disso e daquilo, e pensando que deveriam comprar tal ação porque os lucros vão ser maiores do que o esperado, ou alguma maluquice desse tipo. Se fizerem apenas bons negócios, elas se sairão bem.

— CNBC, 14 de novembro de 2011

WARREN BUFFETT EM 250 FRASES

Wall Street lucra com a atividade. Você lucra com a inatividade. Se cada um nesta sala negociar seu portfólio todos os dias com todas as outras pessoas, terminarão quebrados. O intermediário acabará ficando com todo o dinheiro. Por outro lado, se todos tiverem ações em um grupo de empresas medianas e simplesmente ficarem sentados aqui pelos próximos cinquenta anos, terminarão com uma quantia de dinheiro decente, e seu corretor quebrará.

— Seminário na University of Florida,
15 de outubro de 1998

Se você fosse proprietário de uma fazenda e alguém lhe dissesse "a Itália está com problemas", venderia sua fazenda no dia seguinte? Se possuísse uma boa empresa localizada em Omaha e alguém dissesse que a Itália estará com problemas amanhã, venderia seu negócio? Venderia seu prédio de apartamentos? Não. Porém, por alguma razão, as pessoas acham que se elas possuem empresas maravilhosas indiretamente por meio de ações, têm de tomar uma decisão a cada cinco minutos.

— CNBC, 14 de novembro de 2011

Investindo

Como classe, [os investidores que usam consultores e gerentes para negociar ações] devem estar *abaixo* da média. A razão é simples: (*a*) Os investidores, em geral, necessariamente ganham um retorno médio, menos os custos incorridos; (*b*) Os investidores passivos e os que usam fundos de índice, em razão de sua inatividade, ganharão esse retorno médio menos custos, que serão muito baixos; (*c*) Com esse grupo ganhando retornos médios, da mesma forma também ganhará o grupo restante — os investidores ativos. Porém, esse grupo incorrerá em custos altos de transação, gerenciamento e assessoria. Consequentemente, os investidores ativos terão seus retornos diminuídos em um percentual muito maior do que seus pares inativos, o que significa que o grupo passivo — os "ignorantes" — deve ganhar.

— Carta aos acionistas da Berkshire Hathaway, fevereiro de 2008

Investimentos e as Leis do movimento

Há muito tempo, Sir Isaac Newton nos deu três Leis do movimento, as quais foram a obra de um gênio. Porém, os talentos de Sir Isaac não se estendiam a investimentos: ele perdeu um monte na Bolha dos Mares do Sul, explicando mais tarde: "Consigo calcular o movimento das estrelas, mas não a loucura dos homens." Se não tivesse sido traumatizado por essa perda, Sir Isaac poderia muito bem ter prosseguido para descobrir a quarta lei: *para os investidores, de modo geral, o retorno diminui à medida que o movimento aumenta.*

— *Carta aos acionistas da Berkshire Hathaway,*
Fevereiro de 2006

Investindo

Primeira ação de Buffett

Comprei minha primeira ação aos 11 anos. Não sei por que esperei tanto, eu estava interessado muito antes. Porém, somente aos 11 anos consegui os US$120,00 para comprá-la. Comprei três ações da Cities Service, preferenciais a 38. Ela foi a 27 — esse tipo de coisa fica na memória. Minha irmã comprou três ações comigo. Ela não suportava a ideia de que eu ficaria rico e ela não. Íamos para a escola e ela ficava me lembrando de que a ação estava caindo. Quando elas retornaram aos quarenta, eu as vendi. Cada um de nós ganhou US$5,00 nas nossas três ações. Elas foram a duzentos e tanto logo depois. Não é uma boa ideia conversar com sua irmã sobre ações a caminho da escola.

— Georgia Tech Alumni Magazine, *inverno de 2003*

Ambição, medo e compras

Uma regra simples dita minhas compras: tenha medo quando os outros estiverem gananciosos, e seja ganancioso quando os outros tiverem medo.

— New York Times, *16 de outubro de 2008*

Quando comprar

Tento comprar um dólar por sessenta centavos e, se acho que posso conseguir comprá-lo, não me preocupo muito com quando isso acontecerá. Um exemplo perfeito é a British Columbia Power. Em 1962, quando ela estava sendo nacionalizada, todos sabiam que o governo provincial pagaria pelo menos X dólares e seria possível comprá-la por X menos, digamos, cinco. No fim, o governo pagou muito mais.

— Forbes, *1º de novembro de 1969*

Investindo

Suponhamos que você fosse proprietário de um pequeno mercado e tivesse um sócio maníaco-depressivo que um dia lhe oferecesse vender sua parte do negócio por um dólar. Então, no dia seguinte, só porque o sol estava brilhando, ele não se mostrasse mais disposto a vender o negócio.

É assim que funciona o mercado, e essa é a razão pela qual você não deve comprar e vender dependendo do humor dele. Você tem de comprar e vender quando quiser.

— Forbes, *1º de novembro de 1969*

Comprando hoje

Não deixe de comprar algo que seja atraente hoje porque você acha que encontrará algo muito mais atraente amanhã.

— *Columbia University, 12 de novembro de 2009*

Comportamento de mercado insensato

Quanto mais insensato o comportamento do mercado, maior a oportunidade para o investidor de perfil empresarial.

— *Prefácio*, O investidor inteligente, *2003*

Comprando empresas em dificuldade

O melhor que pode nos acontecer é quando uma excelente empresa entra em uma fase de dificuldade temporária. [...] Queremos comprá-las quando estão na mesa de cirurgia.

— BusinessWeek, *5 de julho de 1999*

Comprando em momentos difíceis

No cômputo geral, fazemos mais negócios quando as pessoas estão pessimistas. Não porque gostamos de pessimismo, mas porque ele contribui para preços que são muito mais atraentes. Se todos vocês têm postos de gasolina em South Bend para vender, vou querer fazer negócio com aquele que seja o mais negativo possível com relação aos postos de gasolina. E é aí que vou fazer a melhor compra. Temos momentos muito bons e momentos muito ruins ao longo do tempo. Não desistimos de vender balas em julho simplesmente porque não é Natal.

— *Palestra para os graduandos da University of Notre Dame*, primavera de 1991

Investindo

Avaliando ações

Se você acha que algo vale um dólar, não pague 99 centavos por ele. Compre-o por sessenta centavos, para que haja uma margem de segurança. Não atravesse uma ponte com um caminhão de 4.900 quilos se nela houver uma placa indicando que sua capacidade é de 5 mil. Siga na estrada e encontre uma ponte que indique 10 mil quilos.

— Georgia Tech Alumni Magazine, *inverno de 2003*

Sejam meias ou ações, gosto de comprar mercadorias de qualidade quando estão em liquidação.

— *Carta aos acionistas da Berkshire Hathaway,*
fevereiro de 2009

A pergunta mais importante

Nunca compramos algo com um preço de venda em mente. Nunca compramos algo a trinta dizendo que se for a quarenta venderemos, ou cinquenta ou sessenta ou cem. A forma de olhar para um negócio é: isso continuará produzindo mais e mais dinheiro a longo prazo? E se a resposta for *sim*, você não precisa fazer nenhuma outra pergunta.

— *Seminário na University of Florida,*
15 de outubro de 1998

Um pássaro na mão

Esopo não era um especialista em finanças, porque disse algo como: "Um pássaro na mão é melhor que dois voando." Mas ele não disse quando. [...] Às vezes, um pássaro na mão é melhor que dois voando e, às vezes, dois voando são melhores que um na mão.

— *A bola de neve, 2008*

Quando não comprar

Em minha opinião, não se deve comprar uma ação por nenhuma outra razão que não seja o fato de você achar que está à venda por menos do que vale, considerando todos os fatores do negócio.

— *Palestra para o corpo docente da University of Notre Dame, primavera de 1991*

Investindo

Posto de gasolina de Buffett

Quando eu tinha 10 mil dólares, coloquei 2 mil em um posto de gasolina da Sinclair e os perdi. Meu custo de oportunidade nessa transação é cerca de 6 bilhões neste exato momento. Um erro bastante grande — que me faz sentir bem quando as ações da Berkshire caem, porque o preço de meu posto de gasolina Sinclair cai também.

— Seminário na University of Florida,
15 de outubro de 1998

Quando pular do barco

Caso se encontre em um barco com um vazamento crônico, a energia dedicada a mudar de barco é provavelmente mais produtiva do que a energia dedicada a tapar os buracos.

— Ensaios de Warren Buffett, 1997

O nascimento de Buffett e o mercado

O dia em que nasci — 30 de agosto de 1930 — foi o mais alto de todo o ano: 242 pontos. Depois despencou para 41. Minha mãe deve ter se sentido extremamente culpada por testemunhar o que acontecera.

— Charlie Rose, *30 de setembro de 2011*

Hiperventilando com o Dow

É surpreendente que os comentaristas hiperventilem regularmente com a perspectiva de o Dow cruzar um número redondo de milhares, tais como 14 mil ou 15 mil. Se eles continuarem a reagir dessa forma, um ganho anual percentual de 5,3 para o século significará que sofrerão pelo menos 1.986 ataques durante os próximos 92 anos.

— *Carta aos acionistas da Berkshire Hathaway, fevereiro de 2008*

Investindo

O mercado é uma máquina de votar

A curto prazo, [o mercado] é uma máquina de votar; a longo, é uma balança. Hoje, em Wall Street, eles dizem: "Sim, é barato, mas não subirá." Isso é bobagem. As pessoas têm sido bem-sucedidas em seus investimentos porque persistiram com empresas bem-sucedidas. Mais cedo ou mais tarde, o mercado reflete o comportamento do negócio.

— Forbes, *1º de novembro de 1974*

Dividindo ações

Se alguém realmente acha que uma ação fica mais valiosa porque foi dividida, essa pessoa está no negócio errado. É como o sujeito que vai a uma pizzaria e diz: "Eu gostaria de uma pizza." O cara diz: "Devo cortá-la em quatro pedaços ou oito?" E ele conclui: "Melhor cortá-la em quatro, não consigo comer oito."

— Georgia Tech Alumni Magazine, *inverno de 2003*

Incerteza

O mundo é sempre incerto. O mundo era incerto em 6 de dezembro de 1941, apenas não sabíamos disso. O mundo era incerto em 18 de outubro de 1987, apenas não sabíamos disso. O mundo era incerto em 10 de setembro de 2001, apenas não sabíamos disso. Sempre há incerteza. Agora, a questão é: o que você faz com seu dinheiro? [...] Se você o deixar no bolso, perderá valor — não todo seu valor — com o tempo. Isso é certo.

— CNBC, 14 de novembro de 2011

Títulos

Não gosto de títulos de curto prazo nem de longo prazo. E se você fizer questão, poderei afirmar que não gosto de títulos de médio prazo também. Simplesmente acho que é um erro terrível comprar investimentos de renda fixa a esses níveis de taxas.

— CNBC, 2 de março de 2011

Bens primários

O problema com os bens primários é que você está apostando no que alguma outra pessoa estará disposta a pagar daqui a seis meses. As mercadorias em si não farão nada por você.

— CNBC, 2 de março de 2011

Investindo

Ouro

O ouro é uma forma de conviver com o medo, e tem sido uma excelente forma de lucrar com o medo de tempos em tempos. Porém, você realmente precisa ter esperança de que as pessoas se tornarão mais medrosas em [um] ano ou dois do que são agora. E, se elas ficam mais medrosas, você lucra; se elas se tornam menos medrosas, você perde. Mas o ouro em si não produz nada.

— CNBC, 2 de março de 2011

Você poderia pegar todo o ouro que já foi extraído do solo e encher um cubo de vinte metros em cada direção. Pelo que isso vale aos preços do ouro atuais, você poderia comprar todas — não parte —, todas as fazendas dos Estados Unidos. Além disso, poderia comprar dez Exxon Mobils e ainda ficar com um trilhão de dólares em espécie para torrar. Ou você poderia ter um grande cubo de metal. Qual você escolheria? Qual produzirá mais valor?

— CNN, 19 de outubro de 2010

O valor do dinheiro

No verso das cédulas de dólar está escrito: "EM DEUS CONFIAMOS". Se Elizabeth Warren estivesse no comando da casa da moeda, acho que seria o seguinte: "NO GOVERNO CONFIAMOS", porque é só isso que há por trás do dinheiro de papel. Os governos podem agir de forma a diminuir o valor do dinheiro e, às vezes, a uma velocidade muito, muito rápida. E acho que é isso que preocupa muitas pessoas neste país.

— *CNBC, 2 de maio de 2011*

Apego ao dinheiro

Os investidores que hoje se apegam ao dinheiro em conta corrente estão apostando que podem eficientemente sair de sua posição em um momento posterior. Ao esperar pelo conforto das notícias boas, eles ignoram o conselho de Wayne Gretzky: "Patino para onde o disco estará, não para onde estava."

— New York Times, *16 de outubro de 2008*

Capítulo 2: Wall Street e a especulação

Wall Street e a especulação

O valor de Wall Street

A natureza de Wall Street é que, de maneira geral, ela dá muito lucro em relação ao número de pessoas envolvidas, em relação ao Q.I. das pessoas envolvidas e em relação à energia despendida. Elas trabalham arduamente, são brilhantes, mas [...] elas não trabalham tão mais arduamente ou [não são] tão mais brilhantes do que alguém que [...] esteja construindo uma represa em algum lugar, ou em vários outros empregos.

— Comentários para a Financial Crisis Inquiry Commission, 26 de maio de 2010

WARREN BUFFETT EM 250 FRASES

Investidores no País das Maravilhas

Muitos assessores [conselheiros de investimentos] são aparentemente parentes diretos da rainha em *Alice no País das Maravilhas*, que disse: "Às vezes, chego a acreditar em até seis coisas impossíveis antes do café da manhã." Tenha cuidado com o assessor loquaz que enche sua cabeça com fantasias enquanto enche os próprios bolsos com comissões.

— Carta aos acionistas da Berkshire Hathaway,
fevereiro de 2008

Permanecendo sóbrio no mercado

Você está lidando com um bando de pessoas insensatas no mercado; é como um grande cassino, e todos estão embriagados. Se você ficar tomando apenas Pepsi, irá se dar bem.

— Forbes, 1º de novembro de 1974

Wall Street e a especulação

Ideias ruins em Wall Street

Quase todos que conheço em Wall Street tiveram tantas ideias boas quanto eu; eles apenas tiveram muitas ideias [ruins] também.

— Palestra para o corpo docente da
University of Notre Dame, primavera de 1991.

Terminologia ruim

Terminologia ruim é a inimiga do bom pensamento. Quando as empresas ou profissionais de investimento usam termos como *EBITDA* ou *pro forma*, sua pretensão é que você aceite sem um exame aprofundado conceitos que são perigosamente falhos. (No golfe, minha pontuação é frequentemente abaixo do *par* em uma base *pro forma*: tenho planos sólidos para *reestruturar* meus *putts* e só conto as tacadas que faço antes de alcançar o *green*.)

— Carta aos acionistas da Berkshire Hathaway,
fevereiro de 2002

A sedução da especulação

Sempre é possível, no caso de uma classe de ativos grande cujos preços são voláteis, que, após um tempo, as pessoas esqueçam o que aquela classe de ativos representa e apenas fiquem hipnotizadas com o fato de que ela se elevou muito na semana anterior ou no mês anterior, e que seu vizinho, muito mais burro que elas, fez um monte de dinheiro, e agora a mulher dele está dizendo para elas: "Por que você não investe em ouro, ou seja lá o que for — ou ações da internet?"

— CNBC, 2 de maio de 2011

Lucrando com bolhas

Não tentamos lucrar com bolhas. Apenas tentamos evitar quebrar com elas, e, até então, temos nos dado bem.

— CNBC, 2 de maio de 2011

Wall Street e a especulação

Pressão dos colegas e a causa das bolhas

Você vê que seu vizinho ganhou muito dinheiro comprando ações da internet. Sua mulher diz que você é mais inteligente do que ele, mas ele é mais rico do que você. Aí você se pergunta: por que não fazer o mesmo que ele fez? Quando chega a esse ponto, quando passamos o dia inteiro negociando ações ao telefone, todo esse tipo de coisa, fica muito difícil apontar para uma causa.

— *Comentários para a Financial Crisis Inquiry Comission, 26 de maio de 2010*

Mais uma bolha

Podemos nos lembrar de um adesivo de para-choque que circulou pelo Vale do Silício em 2003 que implorava: "Por favor, Deus, apenas mais uma bolha." Infelizmente, esse desejo foi prontamente concedido, à medida que quase todos os americanos vieram a acreditar que os preços dos imóveis subiriam para sempre.

— *Carta aos acionistas da Berkshire Hathaway, fevereiro de 2008*

Quando as bolhas estouram

Quando o momento é bom, é como a Cinderela no baile. Ela sabia que à meia-noite tudo iria se transformar em abóbora e camundongos, mas estava tudo tão divertido, havia dança, os caras pareciam os melhores e as bebidas eram servidas com mais frequência ainda, e não havia relógios na parede. E isso foi o que aconteceu com o capitalismo. A diversão é enorme enquanto a bolha cresce, e achamos que vamos sair cinco minutos antes da meia-noite, mas não há um só relógio na parede.

— Haaretz, *23 de março de 2011*

Dinheiro fácil

Quando as pessoas acham que há dinheiro fácil disponível, elas não se dispõem a mudar. Sobretudo se alguém disse há um mês ou dois: "Cuidado com esse dinheiro fácil" e seus vizinhos tiveram um lucro grande nos meses seguintes. É simplesmente... irresistível.

— *Comentários para a Financial Crisis Inquiry Comission,*
26 de maio de 2010

Wall Street e a especulação

Alavancagem excessiva

A alavancagem excessiva leva a problemas. Sempre que ela surge, não necessariamente no sistema bancário — pode acontecer em orçamentos domésticos. Mas a ideia de que você precisa se alavancar para comprar algo que não conseguirá pagar em sua totalidade tem seus méritos e suas limitações.

É parecido com o álcool. Uma dose está bom, mas dez o levarão a ter muitos problemas. No caso da alavancagem, as pessoas têm uma grande propensão a usá-la porque é muito bom quando funciona. Deveria haver alguma forma de controlar a alavancagem, e isso se aplica aos indivíduos com hipotecas residenciais. A ideia de que pessoas poderiam comprar casas com um depósito inicial de 2% a 3% causará problemas.

— Haaretz, *23 de março de 2011*

Alavancagem viciante

Quando funciona, a alavancagem multiplica seus lucros. Sua mulher o acha inteligente e seus vizinhos ficam com inveja. Porém, a alavancagem é viciante. Uma vez que lucram com suas maravilhas, pouquíssimas pessoas recuam para práticas mais conservadoras. E, como todos aprendemos no ensino fundamental — e alguns aprenderam de novo em 2008 —, qualquer série de números positivos, por mais impressionantes que possam ser, evapora quando multiplicada por um simples zero. A história nos diz que a alavancagem muito frequentemente produz zeros, mesmo quando empregada por pessoas muito inteligentes.

— *Carta aos acionistas da Berkshire Hathaway,*
fevereiro de 2011

Wall Street e a especulação

O perigo da alavancagem

Alavancagem extrema tem sido, em linhas gerais, um fator negativo. Foi feita a analogia (e existe suficiente verdade nela para causar-lhe problemas) de que comprar uma empresa com um endividamento enorme é de certa forma como dirigir um carro por uma estrada com um facão colocado no volante apontando para seu peito. Se você fizer isso, será um motorista melhor — isso posso garantir, pois dirigirá com cuidado extraordinário. Algum dia você passará por um buraco ou por um pedaço de gelo e dará um suspiro de alívio. Você terá menos acidentes, mas quando eles surgirem serão fatais.

— *Palestra para graduandos da University of Notre Dame,*
primavera de 1991

Pessoas inteligentes e a alavancagem

Se não tiver alavancagem, você não se meterá em encrencas. Estar alavancado é a única forma de uma pessoa inteligente quebrar. Sempre disse que, se você for inteligente, não precisará dela e, se for tolo, não deveria usá-la.

— Comentários para a Financial Crisis Inquiry Commission, 26 de maio de 2010

Derivativos

Há muito tempo, Mark Twain disse: "Um homem que tenta carregar para casa um gato segurando-o pelo rabo aprenderá uma lição que não pode ser aprendida de outra forma." Se estivesse vivo agora, Twain poderia tentar um negócio de derivativos. Após alguns dias, ele optaria por gatos.

— Carta aos acionistas da Berkshire Hathaway, fevereiro de 2006

Wall Street e a especulação

Swaps de crédito

Eles podem ser um instrumento muito destrutivo. Quero dizer, pensando bem, não é possível que outra pessoa faça um seguro contra incêndio para minha casa porque ela não terá um interesse passível de ser segurado, como dizem no mercado. Porque, uma vez que tenha feito um seguro contra incêndio para minha casa, essa pessoa pode achar que deixar cair alguns fósforos em meu jardim pode ser uma boa ideia. E com os swaps de crédito, se você não possui uma dívida subjacente e compra um swap de crédito, você tem um interesse de que aquela empresa tenha problemas.

Quando muitas pessoas estão interessadas em que uma empresa tenha problemas, elas podem começar a divulgar declarações equivocadas sobre a empresa. Quero dizer, se tiver vendido a descoberto as ações de um banco e não houver nenhum FDIC [sigla em inglês para Corporação Federal de Seguro de Depósitos], você poderia contratar cem figurantes para se postar em frente a esse banco. E, dessa forma, criaria sua própria realidade. Agora, comprar swaps de crédito, falar sobre eles e fazer o preço deles aumentar de certa forma cria sua própria realidade. Por isso, acho que eles são um instrumento potencialmente muito antissocial.

— *CNBC, 14 de novembro de 2011*

Capítulo 3: Empresas

Empresas

Conhecendo seus limites

Se temos um ponto forte, este é o de reconhecer quando estamos operando bem dentro de nossa esfera de competência e quando estamos nos aproximando de seu perímetro.

— Carta aos acionistas da Berkshire Hathaway,
março de 2000

Avaliando o poder

A decisão mais importante na avaliação de uma empresa é verificar se ela tem o poder de impor os preços de seus produtos no mercado. Se você tem o poder de aumentar os preços sem perder mercado para um concorrente, tem um excelente negócio. Mas se precisa realizar uma sessão de oração antes de aumentar o preço em um décimo de centavo, tem um negócio terrível.

— Comentários para a Financial Crisis Inquiry Commission,
26 de maio de 2010

WARREN BUFFETT EM 250 FRASES

Fossos empresariais

Um negócio verdadeiramente excelente deve ter um *fosso* duradouro que proteja retornos excelentes sobre o capital investido. A dinâmica do capitalismo garante que os concorrentes atacarão repetidamente qualquer *castelo* empresarial que esteja obtendo altos retornos. Logo, uma barreira enorme, como uma empresa ser um produtora de custo baixo (GEICO, Costco) ou possuir uma marca poderosa com alcance mundial (Coca-Cola, Gillette, American Express), é essencial para o sucesso sustentável. A história das empresas está repleta de fogos de artifício, empresas cujos fossos provaram ser ilusórios e logo foram ultrapassados.

— *Carta aos acionistas da Berkshire Hathaway, fevereiro de 2008*

Empresas

Entendendo um negócio

Não fazemos diligência para análise de empresas ou saímos por aí chutando pneus. Isso não importa. O que importa é entender as dinâmicas competitivas de um negócio. Não podemos ser ludibriados por um cara de fala mansa. [...] O que realmente importa é a presença de uma vantagem competitiva. Desejamos um negócio com um castelo grande e um fosso em volta dele, e desejamos que esse fosso aumente com o passar do tempo.

— BusinessWeek, *5 de julho de 1999*

WARREN BUFFETT EM 250 FRASES

Meu trabalho é olhar para o universo das coisas que consigo compreender — consigo entender a joalheria de Ike Friedman — e tentar imaginar o que esse fluxo de dinheiro, entrando e saindo, será durante um determinado prazo, exatamente como fizemos com a See's Candies, e descontar esse fluxo a uma taxa apropriada, que seria a taxa de juros das obrigações governamentais de longo prazo. [Depois], tento comprar a empresa a um preço que está significativamente abaixo disso. E isso é tudo. Teoricamente, faço isso com todas as empresas no mundo — as que consigo compreender.

— *Palestra para os alunos de MBA da University of Notre Dame, primavera de 1991*

Empresas

Negócios de primeira linha

Uma coisa interessante de fazer de vez em quando é andar por um supermercado e pensar em quem tem poder para impor seus preços, quem tem uma franquia e quem não tem. Se você vai comprar os biscoitos Oreo — e vai levar para casa os biscoitos Oreo, ou algo que se pareça com os biscoitos Oreo, para as crianças, ou para sua mulher, ou para quem quer que seja —, comprará biscoitos Oreo. Se o pacote da outra marca for três centavos mais barato, você ainda comprará os biscoitos Oreo. Comprará Jell-O em vez de alguma outra gelatina. Comprará Kool-Aid em vez do refrigerante em pó da Wyler. Porém, se for comprar leite, não fará nenhuma diferença se for Borden, Sealtest ou qualquer outra marca. E não pagará mais caro para comprar um leite, e não outro. Provavelmente não pagará mais caro para comprar [uma marca de] ervilhas congeladas, e não outra. Essa é a diferença entre ter um negócio maravilhoso e um negócio que não é maravilhoso. O negócio de leite não é um bom negócio.

— Palestra para os graduandos da University of Notre Dame, primavera de 1991

WARREN BUFFETT EM 250 FRASES

O nome *American Express* é uma das maiores marcas no mundo. Mesmo com um gerenciamento terrível, ela estava destinada a dar lucro.

— Forbes, *1° de novembro de 1969*

Empresas dependentes de capital

Se tiver de escolher entre ir trabalhar para uma empresa maravilhosa que não é dependente do uso intensivo de capital e uma que é dependente do uso intensivo de capital, sugiro que olhe para aquela que não é dependente do uso intensivo de capital.

— *Palestra para os alunos de MBA da University of Notre Dame, primavera de 1991*

Encontrando excelentes negócios

O mundo não vai lhe dizer quais são os melhores negócios. Você terá de encontrá-los sozinho.

— *Columbia University, 12 de novembro de 2009*

Empresas

Jornais

Reconheçamos — os jornais são um negócio muito mais interessante do que, digamos, fazer engates para vagões ferroviários. Embora eu não me envolva nas operações editoriais dos jornais que possuo, realmente gosto de fazer parte das instituições que ajudam a moldar a sociedade.

— Wall Street Journal, *31 de março de 1977*

A abordagem da fofoca

Trabalhei muito quando comecei apenas para me familiarizar com os negócios. E tinha por hábito utilizar o método que Phil Fisher chamou de *abordagem da fofoca*. Eu saía, conversava com os clientes, conversava com ex-funcionários em alguns casos, conversava com fornecedores — todo mundo. Sempre que visitava alguém em um setor industrial — digamos que eu estivesse interessado na indústria de carvão —, eu visitava todas as empresas de carvão e perguntava a todos os CEOs: "Se você tivesse de comprar ações de outra empresa de carvão que não fosse a sua, qual seria e por quê?" Ao juntar essas informações, você aprenderá muito sobre o setor após um tempo.

— *Seminário na University of Florida,*
15 de outubro de 1998

Não converse com corretores

Leio centenas de relatórios anuais todos os anos. Não converso com nenhum corretor — não quero falar com corretores. As pessoas não lhe darão boas ideias.

— *Palestra para os alunos de MBA da University of Notre*
Dame, primavera de 1991

Empresas

Saber o que você sabe

O mais importante é saber o que você sabe e saber o que você não sabe. Se puder aumentar o universo daquilo que conhece é ainda melhor. Obviamente, se entender um grande número de negócios, terá uma chance melhor de ser bem-sucedido do que se entender somente alguns.

O mais importante é saber os limites de seu círculo de confiança e se manter dentro desse círculo — quanto maior, melhor. No meu caso, por exemplo, se algo não estiver dentro de meu círculo, eu não estarei nesse jogo. Ouvi falar de um campeão de xadrez norueguês que tem 20 anos. Como tenho 80, alguém poderia pensar que sou melhor do que ele, mas não sou, e se eu jogar contra ele, serei derrotado. Ele me vencerá em cerca de três jogadas.

Não há sentido em deixar seu ego lhe dizer que você é bom em algo que não é. Até onde eu puder estabelecer esse limite corretamente terei bons resultados, e até onde eu não puder, não terei. Considere a Apple; eu poderia ter antecipado o que aconteceu há cinco anos? Não. Steve Jobs sim. Estava em sua mente e na de outras pessoas. Permanecerei naquilo que compreendo.

— Haaretz, *23 de março de 2011*

WARREN BUFFETT EM 250 FRASES

Crescimento *versus* lucros

Charlie[1] e eu evitamos negócios cujo futuro não conseguimos avaliar, por mais empolgantes que seus produtos possam parecer. No passado, não era necessário ser brilhante para prever o fabuloso crescimento que se esperava de indústrias como a automobilística (em 1910), a aeronáutica (em 1930) e a de aparelhos televisivos (em 1950). Porém, o futuro naquela época também incluía dinâmicas competitivas que dizimariam quase todas as empresas que entrassem nessas indústrias. Mesmo os sobreviventes tendem a sair feridos. Só porque Charlie e eu conseguimos ver claramente que um setor tem um crescimento dramático à frente não significa que possamos julgar quais serão suas margens de lucro e seus retornos sobre o capital enquanto um bando de competidores luta pela supremacia. Na Berkshire, continuamos com empresas cujo lucro em décadas vindouras parece razoavelmente previsível.

— *Carta aos acionistas da Berkshire Hathaway,*
fevereiro de 2010

---

[1] Charles Munger Thomas, vice-presidente da Berkshire Hathaway.

Empresas

Comprando empresas *versus* ações

Charlie e eu procuramos empresas que têm (*a*) um negócio que compreendemos; (*b*) um ambiente econômico favorável a longo prazo; (*c*) gerenciamento capaz e confiável; e (*d*) um preço razoável. Gostamos de comprar empresas inteiras ou, se os gerentes forem nossos parceiros, pelo menos 80%. No entanto, quando as compras interessantes em que poderíamos assumir controle não estão disponíveis, também ficamos satisfeitos em simplesmente adquirir pequenas participações em excelentes empresas por meio de compras no mercado de ações. É melhor ser dono de uma pequena parcela do diamante Hope do que ser proprietário isolado de um diamante artificial.

— *Carta aos acionistas da Berkshire Hathaway, fevereiro de 2008*

WARREN BUFFETT EM 250 FRASES

Procurando "elefantes"

O universo em que não posso jogar [isto é, empresas pequenas] se tornou mais atraente do que o universo em que posso jogar [empresas grandes]. Tenho de procurar elefantes. Ocorre que os elefantes não são tão atraentes quanto os mosquitos. Porém, esse é o universo no qual tenho que viver.

— BusinessWeek, *5 de julho de 1999*

See's Candy

Os chocolates da See agora valem US$27,00 o quilo graças à minha inteligência. [...] Digamos que haja chocolates disponíveis a US$22,00 o quilo. Você realmente deseja chegar no dia dos namorados — veja bem, sua mulher incorporou todas aquelas imagens favoráveis dos chocolates da See ao longo dos anos — dizendo: "Querida, este ano eu escolhi o produto mais barato" e entregar-lhe uma caixa de chocolates? Isso simplesmente não funcionará.

— *Seminário na University of Florida,*
15 de outubro de 1998

Empresas

Coca-Cola e felicidade

A Coca-Cola está associada a pessoas demonstrando felicidade no mundo inteiro [...]: na Disneylândia, Disney World, na Copa do Mundo ou nas Olimpíadas — todos os lugares em que as pessoas estão felizes. Felicidade e Coca-Cola andam juntas. Agora, você me dá — não importa quanto dinheiro — e me diz que vou fazer o mesmo com a RC Cola pelo mundo afora e terei 5 bilhões de pessoas com uma imagem favorável da RC Cola? Não há como realizar isso. É possível fazer algumas coisas pequenas — é possível fazer tudo que se deseja —, conceder descontos no preço nos fins de semana e tudo mais, mas você não tocará a Coca-Cola. E isso é o que todos desejam ter em um negócio.

— *Seminário na University of Florida,*
15 de outubro de 1998

O gosto dos refrigerantes tipo cola

O que as pessoas não entendem é que o que faz os [refrigerantes tipo cola] valerem centenas de bilhões de dólares é um fato simples [...]: um refrigerante tipo cola não tem nenhuma memória gustativa. Você pode beber um desses às 9 horas da manhã, às 10, às 3 da tarde, às 5 da tarde — o das 5 da tarde terá um gosto tão bom para você quanto aquele que você bebeu pela manhã. Você não consegue fazer isso com refrigerantes feitos de baunilha, raízes, laranja, uva — o que for. Todas essas coisas se acumulam em você. Você fica enjoado dessas bebidas após um tempo [...] E isso significa que você encontra pessoas em todos os lugares do mundo que são usuários pesados, que beberão cinco por dia, ou [com] Coca-Cola Light podem ser sete ou oito por dia, ou algo semelhante. Eles nunca consumirão outros produtos com essa mesma intensidade, por isso temos esse consumo *per capita* incrível.

— Seminário na University of Florida,
15 de outubro de 1998

Empresas

Hershey's

Se você entrar em uma loja e disser: "Eu gostaria de uma barra de chocolate da Hershey's". E o vendedor disser: "Eu não tenho nenhuma barra da Hershey's, mas tenho essa barra de chocolate sem marca que é cinco centavos mais barata do que uma barra da Hershey's", você simplesmente atravessa a rua e compra uma barra da Hershey's em outro estabelecimento. *Esse* é um negócio bom.

> — *Palestra para o corpo docente da University of Notre Dame, primavera de 1991*

Gillette

A Gillette é maravilhosa. A Gillette fornece mais de 60% do valor em dólares das lâminas de barbear no mundo. Quando vou dormir à noite, penso naqueles bilhões de homens sentados por aí com pelos crescendo em suas faces enquanto durmo. Isso pode ajudar uma pessoa a dormir muito confortavelmente.

> — *Seminário com alunos da University of Nebraska-Lincoln, 10 de outubro de 1994*

O *Daily Racing Form*

O jornal diário com preço mais alto nos Estados Unidos, com uma circulação significativa, é o *Daily Racing Form*. Cerca de 150 mil exemplares são vendidos todos os dias, e esse patamar tem se mantido por cerca de cinquenta anos; ele custa US$2,00 ou US$2,25 (eles estão sempre aumentando o preço) e é essencial. Se você estiver indo para o hipódromo e tiver uma escolha entre [...] o Joe's Little Green Sheet e o *Daily Racing Form*, se você é um apostador sério, desejará o *Form*. Você pode cobrar US$2,00 pelo *Form*, pode cobrar US$1,50, pode cobrar US$2,50, e as pessoas vão comprar. É como vender agulhas para viciados. É um negócio essencial.

— *Palestra para o corpo docente da University of Notre Dame, primavera de 1991*

Empresas

Walt Disney Company

Veja bem o valor da Walt Disney no mercado acionário no primeiro semestre de 1966. O preço por ação era US$53,00, e isso não parecia muito barato, mas, naquela base, você poderia comprar a empresa toda por 80 milhões de dólares quando *Branca de Neve, Swiss Family Robinson* e alguns outros desenhos animados, cujo valor contábil já havia sido baixado dos livros, valiam tudo aquilo. E, então, você teria a Disneylândia, e Walt Disney, um gênio, como parceiro.

— Forbes, *1º de novembro de 1969*

Compramos 5% da Walt Disney Company em 1966. Custou-nos 4 milhões de dólares. A avaliação da empresa como um todo foi de 80 milhões de dólares. [...] *Mary Poppins* havia acabado de ser lançado. O filme lucrou cerca de 30 milhões naquele ano e, sete anos mais tarde, continuava sendo exibido para crianças da mesma idade. É como ter um poço de petróleo no qual todo o petróleo escorre de volta.

Agora, [os números hoje são] provavelmente diferentes, mas, em 1966, eles tinham 220 filmes de um tipo ou de outro. O valor contábil de todos era zero — não foram atribuídos valores residuais a nenhum filme da Disney até o final da década de 1960. Então, [seria possível comprar tudo isso] por 80 milhões de dólares, e Walt Disney trabalharia para você. Era incrível. Porém, era verdade.

E a razão era que, em 1966, as pessoas diziam: "Bem, *Mary Poppins* teve um desempenho ótimo este ano, mas eles não vão ter outra *Mary Poppins* no ano que vem, então os lucros serão inferiores." Não me importo se os ganhos cairão assim. Você sabe que ainda terá *Mary Poppins* para relançar daqui a sete anos, contanto que as crianças protestem um pouco. Quero dizer, não existe melhor sistema do que ter algo em que, essencialmente, você tem uma nova colheita a cada sete anos e pode cobrar mais a cada ano.

— *Palestra para os alunos de MBA da University of Notre Dame, primavera de 1991*

Empresas

Lucrando com a internet

A internet como um fenômeno é simplesmente imenso. Isso eu compreendo. Simplesmente não sei como lucrar com ela. [...] nem tento lucrar com a internet. Porém, definitivamente desejo entender os prejuízos que ela pode causar a um negócio estabelecido. Nossa abordagem tem muito mais a ver com lucrar por causa da falta de mudanças em vez de por mudanças. Com os chicletes da Wrigley, é a falta de mudança que me atrai. Não acho que a Wrigley será atingida pela internet. Esse é o tipo de negócio de que gosto.

— BusinessWeek, *5 de julho de 1999*

A publicidade exagerada das empresas de internet

A internet iria mudar nossas vidas, mas isso não significava que toda empresa poderia idealizar um plano de um novo negócio que valesse 50 bilhões de dólares.

— *Comentários para a Financial Crisis Inquiry Commission, 26 de maio de 2010*

Têxteis

Nossa empresa de têxteis — esse é um negócio que demorei 22 anos para entender que não era muito bom. Bem, no ramo dos têxteis, fazíamos mais da metade dos forros de ternos masculinos nos Estados Unidos. Se você vestisse um terno masculino, havia a chance de ele ter um forro Hathaway. E nós os fizemos durante a Segunda Guerra Mundial, quando os clientes não conseguiam obter forros de outros fornecedores. A Sears Roebuck nos deu o prêmio de Fornecedores do Ano. Eles eram loucos por nós. O problema era: eles não estavam dispostos a nos pagar metade de um centavo adicional por metro, porque ninguém jamais entraria em uma loja de roupas masculinas e pediria um terno risca de giz com forro Hathaway. Isso não acontece.

— *Palestra para os alunos de MBA da University of Notre Dame, primavera de 1991*

Empresas

Ética corporativa

Três sugestões para investidores: primeiro, cuidado com empresas que exibem uma contabilidade fraca. Se uma empresa ainda não considera as opções como sendo uma despesa, ou se suas premissas com relação aos gastos com aposentadorias são irreais, cuidado. Quando a gerência opta pelo caminho mais fácil em aspectos que são visíveis, é provável que eles estejam seguindo um caminho semelhante nos bastidores. Raramente há apenas uma barata na cozinha. [...]

Segundo, notas de rodapé ininteligíveis costumam ser indícios de uma gestão suspeita. Se você não consegue entender uma nota de rodapé ou outra explicação da gerência, em geral, é porque o CEO não quer que você entenda. As descrições da Enron sobre determinadas transações *ainda* me deixam desnorteado.

Finalmente, suspeite de empresas que fazem publicidade de projeções de lucros e expectativas de crescimento. As empresas raramente operam em um ambiente tranquilo, livre de surpresas, e os lucros não crescem ininterruptamente (exceto, claro, nos cadernos de ofertas dos banqueiros de investimentos). Charlie e eu não só não sabemos o que nossos negócios lucrarão no *ano seguinte,* como não sabemos o que eles lucrarão no *próximo trimestre.* Desconfiamos daqueles CEOs que

WARREN BUFFETT EM 250 FRASES

regularmente afirmam conhecer o que está por vir — e ficamos totalmente incrédulos se eles atingem seus objetivos declarados. Os CEOs que sempre prometem "atingir os números" ficarão, em algum momento, tentados a *maquiar* os números.

> — *Cartas aos acionistas da Berkshire Hathaway,*
> *fevereiro de 2003*

Empresas expostas

Você só sabe quem estava nadando nu quando a maré baixa.

> — *Carta aos acionistas da Berkshire Hathaway,*
> *fevereiro de 2008*

Risco e natureza humana

Enquanto os seres humanos gerenciarem instituições, incluindo instituições financeiras, haverá pessoas que correm riscos indevidos; haverá, às vezes, pessoas que roubam; haverá — certamente — pessoas que não compreendem os riscos que elas estão correndo. Essa é a natureza dos negócios.

> — *CNBC, 14 de novembro de 2011*

Empresas

A estrada principal na América empresarial

O ex-senador Alan Simpson disse de forma memorável: "Aqueles que viajam pela estrada principal em Washington não precisam temer o trânsito pesado." No entanto, se estivesse interessado em encontrar ruas verdadeiramente desertas, o senador deveria ter analisado a contabilidade da corporação América S. A.

— *Carta aos acionistas da Berkshire Hathaway, fevereiro de 2008*

Lucros inflacionados

Durante muitos anos tive pouca confiança nos lucros informados pela maioria das empresas. Não estou falando da Enron e da WorldCom — exemplos de desonestidade flagrante. Ao contrário, refiro-me aos métodos de contabilidade legais, porém impróprios, usados pelos executivos para inflacionar os lucros reportados.

— New York Times, *24 de julho de 2002*

WARREN BUFFETT EM 250 FRASES

Roupa suja empresarial

É durante o ciclo de enxágue que se descobre o quanto a roupa estava suja. Estamos no ciclo de enxágue da América S. A., e estamos descobrindo que havia mais roupa suja do que gostaríamos de admitir.

— Georgia Tech Alumni Magazine, *inverno de 2003*

Avaliação contábil das opções de ações

Sejam quais forem os méritos das opções, seu tratamento contábil é ultrajante. Pense por um momento naqueles 190 milhões de dólares que iremos gastar em publicidade na GEICO este ano. Suponha que, em vez de pagar em espécie por nossos anúncios, pagássemos os meios de comunicação com opções de compra abaixo do preço de mercado atual da Berkshire com vencimento daqui a dez anos. Alguém, então, estaria disposto a argumentar que a Berkshire não pagara um custo pela publicidade, ou que esse custo não deveria ser cobrado em seus livros?

— *Carta aos acionistas da Berkshire Hathaway, março de 1999*

Empresas

Ética do CEO

A maioria dos CEOs, é importante observar, são homens e mulheres que todos gostariam de ter como fiduciários dos bens de seus filhos ou como vizinhos de porta. Nos últimos anos, no entanto, um número grande demais desses profissionais tem se comportado muito mal no escritório, fraudando números e recebendo uma remuneração obscena por resultados comerciais medíocres. Essas pessoas normalmente decentes seguiram o caminho profissional de Mae West: "Eu era a Branca de Neve, mas fui sendo arrastada pela correnteza."

— Carta aos acionistas da Berkshire Hathaway,
fevereiro de 2003

Capítulo 4: Berkshire Hathaway

Berkshire Hathaway

Uma boa decisão

Se eu consigo tomar uma boa decisão por ano, nós nos saímos bem.

— *CBS News, 8 de fevereiro de 2012*

A importância de uma boa decisão

Quando tomo decisões na Berkshire, estou pensando no fato de que tenho 99% de meu valor líquido nela, e tudo lá vai para instituições de caridade. Isso quer dizer que se eu fizer esse lugar falir haverá muitas consequências negativas para mim.

— *Comentários para a Financial Crisis Inquiry Commission, 26 de maio de 2010*

Mais dinheiro do que ideias

Até alguns anos atrás, vendíamos coisas para comprar mais porque não tínhamos dinheiro. Eu tinha mais ideias do que dinheiro. Agora, tenho mais dinheiro do que ideias.

— BusinessWeek, *5 de julho de 1999*

Cometendo erros

Erros não me incomodam. Tento não fazer nada que colocaria em risco o bem-estar do lugar como um todo. Por isso, nas decisões que tomo, levo em consideração o fato de que vou cometer erros.

— Haaretz, *23 de março de 2011*

Cometerei mais erros no futuro — pode apostar nisso. Uma frase de uma música de Bobby Bare explica o que muito frequentemente acontece com aquisições: "Nunca fui para a cama com uma mulher feia, mas com certeza acordei com algumas."

— *Carta aos acionistas da Berkshire Hathaway, fevereiro de 2008*

Nunca olhar para trás

Nunca olhamos para trás. Simplesmente achamos que há tantos motivos para olhar com otimismo para o futuro; não há sentido algum em pensar no que poderíamos ter feito — não faz diferença alguma. O que quero dizer é que só é possível viver a vida para frente.

— *Seminário na University of Florida, 15 de outubro de 1998*

Berkshire Hathaway

Erros de omissão

Já cometi todo tipo de erro de omissão. Os de comissão aparecem na contabilidade. Se compro algo por um dólar e vendo por 50 centavos, isso aparece. [...] Cometemos erros de comissão relativamente pequenos. Esses não são os que me incomodam. Os atos de omissão dos quais estou falando são eventos dentro de meu círculo de confiança, eventos que eu seria capaz de entender, entendi e não fiz nada a respeito. Estava chupando dedo. Esses são os erros grandes.

— Georgia Tech Alumni Magazine, *inverno de 2003*

Ganhando dinheiro juntos

Queremos ganhar dinheiro somente quando nossos parceiros ganham e em proporções exatamente iguais. Além disso, quando cometo alguma tolice, quero que os outros sejam capazes de obter algum consolo no fato de que meu sofrimento financeiro é proporcional ao deles.

— *Ensaios de Warren Buffett, 1977*

Estruturando negócios

Se eu comprasse uma fazenda e colocasse alguém lá para administrá-la para mim, o acordo que eu faria com o fazendeiro com relação ao percentual da colheita que ele ganharia seria importante. Se eu tivesse alguém gerenciando um prédio de apartamentos para mim, meu acordo com ele seria importante. Sua importância não se daria somente em termos de como os lucros seriam divididos, mas também na avaliação da atitude da pessoa. Você quer que o gerente de um local o encare como um parceiro, e não como um adversário; e na Berkshire Hathaway realmente encaramos nossos acionistas como parceiros.

— Haaretz, *23 de março de 2011*

Supervisionando os negócios da Berkshire

Nunca permitimos que a Berkshire se tornasse algo monolítico, infestado por comitês, apresentação de orçamentos e níveis múltiplos de gerenciamento. Em vez disso, nossa ideia é operar como uma coleção de negócios de tamanho médio e grande, gerenciados separadamente, em que a maior parte da tomada de decisões ocorre no nível operacional.

— *Carta aos acionistas da Berkshire Hathaway, fevereiro de 2010*

Berkshire Hathaway

Mantendo-se nos negócios

Não gosto de vender. Compramos tudo com a ideia de que o manteremos para sempre. [...] Esse é o tipo de acionista que desejo comigo na Berkshire. Nunca tive um preço alvo ou um prazo previsto de manutenção de uma ação. E tenho uma enorme relutância em vender os negócios dos quais somos proprietários únicos sob quase qualquer circunstância.

— BusinessWeek, *5 de julho de 1999*

Vendendo empresas abaixo da média

Seja qual for o preço, não temos o menor interesse em vender quaisquer das boas empresas das quais a Berkshire é proprietária. Ficamos também muito relutantes em vender empresas com desempenho abaixo da média real, quando achamos que elas gerarão pelo menos algum lucro e nos sentimos bem com relação aos seus gerentes e às relações trabalhistas. [...] Comportamento gerencial tipo canastra (descarte seu negócio menos promissor a cada rodada) não é nosso estilo. Preferimos que nossos resultados globais sejam um pouco prejudicados a nos envolver nesse tipo de comportamento.

— Ensaios de Warren Buffett, *1997*

Nenhuma estratégia de saída

Ao contrário dos operadores de aquisições hostis e das empresas de investimentos particulares, não temos nenhuma estratégia de "saída" — compramos para manter o negócio. Essa é uma das razões por que a Berkshire costuma ser a primeira — e às vezes a única — escolha para os vendedores e seus gerentes.

— *Carta aos acionistas da Berkshire Hathaway,*
fevereiro de 2003

Congregação da Berkshire

Se eu tivesse uma igreja e fosse o pregador, e metade da congregação nos abandonasse todos os domingos, eu não diria: "Ah, isso é maravilhoso, porque tenho toda essa liquidez entre todos os meus membros! Há tremenda rotatividade!" Eu iria preferir ter uma igreja na qual todos os assentos estivessem ocupados todos os domingos pelas mesmas pessoas. Bem, é dessa mesma forma que olhamos para as empresas que compramos. Queremos comprar algo com que estejamos realmente satisfeitos para sermos proprietários para sempre.

— *Seminário na University of Florida,*
15 de outubro de 1998

Berkshire Hathaway

Pagando os diretores da Berkshire

Na Berkshire, com a intenção de que nossos honorários sejam insignificantes para nossos diretores, pagamos para eles apenas uma ninharia. Além disso, não desejando isolar nossos diretores de nenhum desastre corporativo que pudéssemos enfrentar, não lhes fornecemos um seguro de responsabilidade de diretores e encarregados (uma decisão não muito ortodoxa que, não tão incidentalmente, poupou aos nossos acionistas muitos milhões de dólares ao longo dos anos). De modo geral, desejamos que o comportamento de nossos diretores seja motivado pelo efeito que suas decisões terão no patrimônio líquido de suas famílias, não pela remuneração.

— *Carta aos acionistas da Berkshire Hathaway,*
fevereiro de 2003

Falha institucional e remuneração dos CEOs

Sempre existirão instituições grandes demais para falhar, e elas falharão, às vezes, nos próximos cem anos. Porém, você terá menos quebras se a pessoa no topo e o conselho de administração que seleciona essa pessoa e que estabelece os termos de sua empregabilidade tiverem muito a perder.

— Comentários para a Financial Crisis Inquiry Commission, 26 de maio de 2010

Inflando os CEOs

Ninguém sabe nos negócios se você tem uma média de rebatidas de .320; portanto, todos dizem que são rebatedores .320. E o conselho de administração tem de dizer "bem, temos um rebatedor .320", porque os CEOs não poderiam ser os responsáveis pela contratação de um cara que rebate .250.

— Comentários para a Financial Crisis Inquiry Commission, 26 de maio de 2010

Berkshire Hathaway

As qualidades de um bom CEO

Hoje temos um clamor a favor de CEOs "independentes". É verdade que é bastante desejável ter diretores que pensam e falam de maneira independente — mas eles devem também ter experiência nos negócios, interesse e ser orientados para defender os interesses dos acionistas. Em meu comentário de 1993, essas foram as três qualidades que descrevi como essenciais.

Durante um período de quarenta anos, fui membro do conselho de administração de 19 empresas listadas na bolsa (excluindo a Berkshire) e interagi com cerca de 250 CEOs. A maioria deles era "independente" conforme a definição pelas regras de hoje. Porém, a grande maioria desses CEOs carecia de, pelo menos, uma das três qualidades que valorizo. Como resultado, sua contribuição para o bem-estar dos acionistas era mínima na melhor das hipóteses e, muito frequentemente, negativa. Essas pessoas, embora fossem decentes e inteligentes, não sabiam o suficiente sobre negócios e/ou tinham um apreço pelos acionistas para questionar aquisições tolas ou pacotes de remuneração imorais.

— Carta aos acionistas da Berkshire Hathaway,
fevereiro de 2003

WARREN BUFFETT EM 250 FRASES

Como não escolher diretores

Consultores e presidentes em busca de candidatos para o conselho de administração frequentemente dizem "Estamos procurando uma mulher", ou "um hispânico", ou "um estrangeiro", ou seja lá o que for. Isso, às vezes, soa como se a missão fosse abastecer a arca de Noé. Durante anos, fui questionado muitas vezes sobre diretores potenciais e ainda estou por ouvir *alguém* dizer: "Ele pensa como um proprietário inteligente?"

> — *Carta aos acionistas da Berkshire Hathaway,*
> *fevereiro de 2007*

Pagando demais aos CEOs

É difícil pagar demais a um CEO *verdadeiramente* extraordinário de um empreendimento gigante. Porém, essa espécie é rara. Com frequência, a remuneração dos executivos nos Estados Unidos é ridiculamente desassociada do desempenho. Isso não mudará, pois as condições são desfavoráveis aos investidores no que diz respeito ao pagamento dos CEOs.

A conclusão é que um CEO medíocre ou pior — ajudado por seu diretor de relações humanas escolhido a dedo, e a empresa de consultoria sempre complacente de Ratchet, Ratchet e Bingo — várias vezes recebe montes de dinheiro como resultado de um pacote de remuneração mal-elaborado.

> — *Carta aos acionistas da Berkshire Hathaway,*
> *fevereiro de 2006*

Berkshire Hathaway

Pagando pelo desempenho do CEO

Sou o comitê de remuneração para as mais de setenta empresas que a Berkshire possui. Não é tão difícil assim. E pagamos muito dinheiro para alguns de nossos CEOs, mas tudo tem a ver com desempenho. Quando eles ganham muito dinheiro, esse ganho está relacionado ao desempenho. E temos acordos diferentes para pessoas diferentes. Porém, nunca contratamos um consultor de remuneração, jamais. E nunca o faremos. Se eu não soubesse o suficiente para estabelecer a remuneração para essas pessoas, outra pessoa deveria estar no meu cargo.

— Comentários para a Financial Crisis Inquiry Commission, 26 de maio de 2010

Substituindo CEOs

É quase impossível [...] em uma sala do conselho repleta de pessoas bem-educadas levantar-se a possibilidade de o CEO ser substituído. É igualmente constrangedor questionar uma proposta de aquisição que foi endossada pelo CEO, sobretudo quando sua equipe interna e consultores externos estiverem presentes e apoiarem unanimemente sua decisão. (Eles não estariam na sala se não o apoiassem.) Enfim, quando o comitê de remuneração — armado, sempre, com o apoio de um consultor muito bem pago — informa uma concessão gigantesca de opções para o CEO, um diretor sugerir que o comitê deveria reconsiderar seria como arrotar à mesa de jantar.

— *Carta aos acionistas da Berkshire Hathaway,*
fevereiro de 2003

CEOs e reforço negativo

Deveria haver mais desvantagens para o executivo de qualquer instituição que tenha de recorrer ao governo federal para ser salvo para o bem da sociedade como um todo. E até agora, temos sido melhores em usar cenouras [do que] varetas para recompensar os presidentes. Porém, acho que mais algumas varetas serão necessárias.

— *Columbia University, 12 de novembro de 2009*

Berkshire Hathaway

Mordomias dos CEOs

Você já leu muito sobre CEOs que receberam uma remuneração astronômica por resultados medíocres. Muito menos divulgado é o fato de que os CEOs nos Estados Unidos também costumam levar uma vida muito boa. Muitos, deveria ser enfatizado, são excepcionalmente capazes, e quase todos trabalham muito mais de quarenta horas por semana. Porém, eles geralmente são tratados como realeza. (E certamente vamos manter tudo do jeito que está na Berkshire. Embora Charlie ainda prefira pano de saco e cinzas, prefiro ser mimado ao extremo. A Berkshire é dona da rede Pampered Chef [Cozinheiro mimado]; nosso grupo de escritórios maravilhoso me fez o Pampered Chief [Chefão mimado].)

— *Carta aos acionistas da Berkshire Hathaway,*
fevereiro de 2007

WARREN BUFFETT EM 250 FRASES

Pagamentos de rescisão imensos, mordomias faraônicas e pagamentos muito altos por desempenhos medíocres quase sempre ocorrem porque os comitês de remuneração se tornaram escravos dos dados comparativos. O exercício é simples: mais ou menos três diretores — *não escolhidos por acaso* — são bombardeados por algumas horas antes de uma reunião do conselho de administração com estatísticas de remuneração que estão sempre subindo. Além disso, o comitê é informado sobre novas mordomias que outros gerentes estão recebendo. Dessa forma, benefícios estranhos são dados aos presidentes apenas por causa de uma versão empresarial do argumento que todos usamos quando crianças: "Mas, mamãe, todas as outras crianças têm." Quando os comitês de remuneração seguem essa "lógica", o excesso mais chocante de ontem se torna a base de hoje.

— *Carta aos acionistas da Berkshire Hathaway, fevereiro de 2006*

Berkshire Hathaway

Gerentes pensando como proprietários

Gosto de caras que esquecem que venderam a empresa para mim e gerenciam o negócio como proprietários. Quando caso com a filha deles, ela continua a viver com os pais.

— Wall Street Journal, *31 de março de 1977*

Temos um negócio com pouquíssimas regras. As únicas regras que os gerentes têm é pensar basicamente como proprietários. Queremos que eles pensem como se fossem proprietários daqueles negócios. Psicologicamente, não queremos nem que eles pensem que existe uma Berkshire Hathaway.

— *Palestra para os graduandos da University of Notre Dame, primavera de 1991*

Gerentes da Berkshire

Em 38 anos, nunca tivemos um único caso de o CEO de uma subsidiária decidir deixar a Berkshire para trabalhar em outro lugar. Contando com Charlie, somos atualmente seis gerentes acima dos 75 anos, e espero que em quatro anos esse número aumente em pelo menos dois (Bob Shaw e eu estamos ambos com 72 anos). Nosso raciocínio: é difícil ensinar truques antigos a um cão novo.

— *Carta aos acionistas da Berkshire Hathaway, fevereiro de 2003*

Berkshire Hathaway

Gerenciando campeões

Meu modelo de gerenciamento é Eddie Bennett, que foi um gandula. Em 1919, aos 19 anos, Eddie começou seu trabalho com os Chicago White Sox, que, naquele ano, chegaram à final da liga. No ano seguinte, Eddie mudou para os Brooklyn Dodgers, e eles também ganharam um título da liga. Nosso herói, no entanto, sentiu que havia problemas.

Mudando de bairro, ele se juntou aos Yankees em 1921, e eles imediatamente ganharam seu primeiro campeonato na história. Então, Eddie sossegou, prevendo astutamente o que estava por vir. Nos sete anos seguintes, os Yankees ganharam cinco títulos da American League. O que isso tem a ver com gestão? É simples — para ser um campeão, trabalhe com campeões.

— Carta aos acionistas da Berkshire Hathaway, fevereiro de 2003

Usando pessoas inteligentes

Não preciso ser inteligente com relação a tudo; não ajudei no parto do bebê de minha mulher! Então, acredito em usar pessoas que são mais inteligentes do que eu.

— Forbes Índia, *20 de abril de 2011*

Atenção aos custos

Apreciamos atenção aos custos na Berkshire. Nosso modelo é a viúva que foi ao jornal local para colocar um anúncio de obituário. Disseram-lhe que custaria 25 centavos por palavra, e ela solicitou: "Fred Brown faleceu." Informaram-na, então, que havia um mínimo de oito palavras. "Tudo bem", a mulher respondeu, "mude para 'Fred Brown faleceu, tacos de golfe à venda'".

— *Carta aos acionistas da Berkshire Hathaway, fevereiro de 2003*

Berkshire Hathaway

Cortando custos

Sempre que leio sobre alguma empresa implementando um programa de corte de custos, sei que não é uma empresa que realmente sabe o que são custos. Esforços de curto prazo não funcionam nessa área. Os gerentes realmente bons não acordam pela manhã e dizem "Este é o dia em que vou cortar custos", da mesma maneira que ele não acorda e decide praticar a respiração.

— Fortune, *11 de abril de 1988*

Gerenciando trabalhadores

Lemos tratados de administração que especificam exatamente quantas pessoas deveriam se reportar a um executivo, mas eles fazem pouco sentido para nós. Quando se tem gerentes competentes de bom caráter gerenciando negócios pelos quais são apaixonados, pode-se ter uma dúzia ou mais reportando-se a você e ainda ter tempo para tirar uma soneca à tarde. Por outro lado, se você tem apenas uma pessoa se reportando a você que é dissimulada, inadequada ou desinteressada, você não terá como dar conta de tudo. Charlie e eu poderíamos trabalhar com o dobro do número de gerentes que temos agora, contanto que eles tivessem as raras qualidades dos atuais.

— Ensaios de Warren Buffett, *1997*

WARREN BUFFETT EM 250 FRASES

Deixando os gerentes gerenciarem

Geralmente, os gerentes [que contratamos] vieram com as empresas que compramos, por terem demonstrado seu talento em carreiras que atravessaram uma grande variedade de circunstâncias. Eles eram estrelas gerenciais muito antes de nos conhecerem, e nossa principal contribuição tem sido não os atrapalhar. Essa abordagem parece elementar: se meu emprego fosse administrar uma equipe de golfe — e se Jack Nicklaus ou Arnold Palmer estivessem dispostos a jogar para mim —, nenhum deles conseguiria muitas instruções de mim sobre como dar uma tacada.

— Ensaios de Warren Buffett, *1997*

Berkshire Hathaway

Existem muitos gerentes de empresas gigantes que admiro imensamente. Ken Chenault, da American Express; Jeff Immelt, da GE; e Dick Kovacevich, da Wells Fargo logo vêm à minha mente. Porém, não acho que eu poderia fazer o trabalho de administração que eles fazem. E tenho certeza de que eu não gostaria de muitas das responsabilidades que estão associadas aos cargos deles — reuniões, palestras, viagens internacionais, o circuito de caridade e relações governamentais. Para mim, Ronald Reagan acertou em cheio quando disse: "Deve ser verdade que o trabalho duro nunca matou ninguém — mas por que arriscar?"

— Carta aos acionistas da Berkshire Hathaway, fevereiro de 2007

A reputação dos gerentes

Quando um gerente conhecido por seu brilhantismo se depara com um negócio com a reputação de ter maus fundamentos econômicos, é a reputação do negócio que permanece intacta.

— CNBC, 18 de outubro de 2010

Jay-Z, homem de negócios

[Jay-Z é] um verdadeiro homem de negócios. Eu apenas finjo que sou.

— New York Times, *18 de outubro de 2011*

Contratando

Não contratamos porque obtemos um benefício fiscal ou porque alguém no governo nos diz para fazê-lo. Contratamos quando há demanda para o que estamos fabricando, movimentando ou vendendo. É simples assim.

— *CNN, 19 de outubro de 2010*

Gostar de trabalhar

Criei algo de que gosto. [...] Vai parecer meio louco para mim se você, ao resolver construir e criar um negócio, não criar algo de que goste quando estiver terminado. É como pintar um quadro: você deveria pintar algo que irá gostar de olhar quando acabar.

— *Seminário para os alunos da University of Nebraska-Lincoln,* 10 de outubro de 1994

Capítulo 5: Diretrizes e políticas dos Estados Unidos

Diretrizes e políticas dos Estados Unidos

Apostando nos Estados Unidos

Sempre foi um erro apostar contra os Estados Unidos, desde 1776. Sim, levamos umas pancadas de vez em quando, mas este país sempre se supera. E, quando nos unimos, é melhor sair do nosso caminho. É o que estamos fazendo. Em momentos como este, é possível perceber com clareza. E, sem dúvida, após o 11 de Setembro, vimos isso. O fato é que sempre tive uma fé enorme na capacidade deste país para fazer qualquer coisa, seja em sua economia, seja em libertar as pessoas ou o que quer que seja.

— CNBC, 2 de maio de 2011

WARREN BUFFETT EM 250 FRASES

Recuperação econômica

Acredito que o maior fator na continuidade da recuperação serão os Steve Jobs do mundo que surgirão com produtos novos em que ninguém pensou antes. E milhões de norte-americanos fazendo o que as pessoas antes deles fizeram, tentando pensar em como fazer tudo de forma mais eficiente. [...] O capitalismo funciona, e acho que o estamos vendo funcionar.

— *CNBC, 2 de maio de 2011*

A GEICO enfrentou problemas em meados da década de 1970. A American Express enfrentou problemas em meados da década de 1960. Esses são dois dos maiores investimentos que já tive, e era necessário pensar cinco ou dez anos à frente. Isso é o que temos de fazer com a economia, consequentemente. Os Estados Unidos têm uma economia maravilhosa há tempos, e ela se recuperará, da mesma forma que a GEICO e a American Express se recuperaram.

— Charlie Rose, *30 de setembro de 2011*

Diretrizes e políticas dos Estados Unidos

Os Estados Unidos desde 1930

Nasci em agosto de 1930. E digo que se um gênio tivesse vindo até mim e dito: "Warren, nos próximos dois anos, o índice Dow cairá de 180 para 40, e 4 mil bancos quebrarão. Haverá uma tremenda seca em Nebraska, onde você vive, e os preços das fazendas irão para o inferno. E, em mais dez anos, sofreremos um ataque surpresa de um inimigo que parecerá ter ganhado a guerra por um tempo; e teremos bombas nucleares", não tenho certeza se eu teria nascido. [...] Porém, a verdade é que nos Estados Unidos, nos oitenta anos desde que nasci, as pessoas passaram a viver em média seis vezes melhor. É inacreditável o que este país proporciona. E não perdemos — não perdemos a poção mágica de jeito algum. No mínimo, temos mais oportunidades agora do que jamais tivemos.

— *CNBC, 7 de julho de 2011*

Tenho 80 anos, e nos oitenta anos desde meu nascimento, o padrão médio de vida dos norte-americanos foi multiplicado por seis em termos reais. Seis por um! Na Idade Média, depois de séculos, e com muita sorte, havia 1% de aumento. Quando saí do útero, em 1930, enfrentávamos uma depressão, enfrentamos uma guerra mundial que pareceu que estávamos perdendo; mas o sistema funciona. Ele libera o potencial humano.

— Haaretz, *23 de março de 2011*

Os Estados Unidos resolvem problemas

Se você olhar para trás, para o século XIX, verá que tivemos sete grandes pânicos bancários. No século XX, tivemos a Grande Depressão, duas guerras mundiais e epidemias de gripe. Este país não foge dos problemas. Ele os resolve.

— *Columbia University, 12 de novembro de 2009*

Previsões econômicas

Não leio previsões econômicas. Não leio as tirinhas do jornal.

— BusinessWeek, *5 de julho de 1999*

Diretrizes e políticas dos Estados Unidos

Nunca compramos um negócio ou deixamos de comprá-lo por causa de algum sentimento macro de qualquer tipo. Não lemos previsões sobre taxas de juros, negócios ou coisa assim, porque não faz diferença alguma. Por exemplo, digamos que, em 1972, quando resolvemos comprar a See's Candy, tivéssemos previsto que Nixon decidiria congelar os preços — acho que Nixon fez um congelamento de preços um pouco mais tarde. E daí? Teríamos perdido a chance de comprar algo por 25 milhões de dólares que agora está lucrando 60 milhões antes dos impostos. Não desejamos desperdiçar a oportunidade de fazer algo inteligente por causa de alguma previsão sobre algo que não nos interessa de forma alguma.

— Seminário na University of Florida,
15 de outubro de 1998

Comércio global

Haverá um elemento nos Estados Unidos ou em outros países que resista à ideia de comércio maior entre países. Estou exatamente no campo oposto e acredito que prosperaremos à medida que fizermos mais e mais negócios uns com os outros. Diversos países têm diversas vantagens, e nenhum país pode fazer tudo sozinho. A expansão do comércio mundial significará uma vida melhor para as pessoas em todo o mundo.

— Forbes India, 20 de abril de 2011

Criando empregos

Desconfio muito quando ouço alguém dizer frases como "Isso criará empregos" ou "Se eu abrir uma lanchonete, isso criará empregos". Há muita retórica que fica um pouco vaga. Se você está prejudicando seriamente o meio ambiente [para criar 20 mil empregos], pode fazer com que essas 20 mil pessoas comecem a construir uma sepultura para mim.

— CNBC, 14 de novembro de 2011

Inflação

A inflação, alguém disse há muitos anos, é um imposto invisível que somente um homem em um milhão realmente compreende. É um imposto sobre as pessoas que tiveram fé em sua moeda, nos governos que a emitiram. O melhor investimento contra a inflação é melhorar seu poder aquisitivo, seu próprio talento. Poucas pessoas maximizam seus talentos. Se você aumenta seu talento, ninguém poderá taxá-lo ou tirá-lo de você.

— Forbes India, *20 de abril de 2011*

Toda vez que fico preocupado com a inflação, penso em como 94% daquela nota de dólar do ano em que nasci não vale mais nada. No entanto, parece que me dei bastante bem, então a inflação não consegue destruir tudo.

— Haaretz, *23 de março de 2011*

Diretrizes e políticas dos Estados Unidos

A crise financeira de 2008

As pessoas estavam assistindo a um filme e achavam que teria um final feliz, mas, de repente, os acontecimentos na tela começaram a mostrar algo diferente. E pessoas diferentes na plateia entenderam isso talvez [em] momentos diferentes, dias diferentes, semanas diferentes. Porém, em algum momento, a bolha estourou.

— *Comentários para a Financial Crisis Inquiry Commission, 26 de maio de 2010*

Os norte-americanos, incluindo os bancos, o Congresso, o governo, Freddie Mac e Fannie Mae, a mídia — eles todos contribuíram para a ideia de que o mercado imobiliário residencial não poderia sofrer uma crise. [...] Foi uma ilusão coletiva, que, uma vez adotada, se espalhou por todos os tipos de instituições e instrumentos financeiros de forma que a interdependência desses itens, logo que a ilusão foi exposta, logo que se tornou aparente que o rei estava nu, varreu toda a economia com o impacto e a velocidade de um tsunami. Todo tipo de coisa que não era considerada possível por causa dessa imensa interdependência dos mercados aconteceu.

— Haaretz, *23 de março de 2011*

WARREN BUFFETT EM 250 FRASES

Setembro de 2008 foi a data em que realmente ficou claro que aquilo era algo que nunca havíamos visto. Foi quando eu disse no CNBC: "Este é um Pearl Harbor econômico." [...] Quis dizer que não havia previsto aquilo três meses antes porque não previ Pearl Harbor com três meses de antecedência.

— *Comentários para a Financial Crisis Inquiry Commission, 26 de maio de 2010*

Intervenção governamental na crise financeira

Quaisquer que possam ser os lados negativos, a ação vigorosa e imediata tomada pelo governo foi essencial no ano passado para evitar que o sistema financeiro sofresse um colapso total. Tivesse ele ocorrido, as consequências para todos os setores de nossa economia teriam sido cataclísmicas. Gostem ou não, os habitantes de Wall Street, Main Street e as diversas Side Streets dos Estados Unidos estavam todos no mesmo barco.

— *Carta aos acionistas da Berkshire Hathaway, fevereiro de 2009*

Diretrizes e políticas dos Estados Unidos

Só o governo poderia ter salvado a situação. O mundo todo desejava uma diminuição da alavancagem financeira. E eles estavam reduzindo a alavancagem sob condições de extrema afobação e com armas apontadas para suas cabeças em certos casos. E a única entidade com poder para aumentar o crédito, ao mesmo tempo que todos os demais desejavam reduzir a alavancagem, era o governo federal.

— *Columbia University, 12 de novembro de 2009*

Deveríamos agradecer a Bernanke e Paulson, ao presidente Bush, ao presidente Obama e a Tim Geithner por terem feito de tudo para nos ajudar a sair do que poderia ter sido um terrível caos. Foi um caos. Porém, de fato estávamos à beira do abismo e tínhamos um governo que fez as coisas certas. Talvez eles também tenham cometido erros antes; talvez não tenham feito o que fizeram com perfeição. Porém, eu lhes dou um grande crédito, e os melhores dias deste país ainda estão por vir, confiem em mim.

— *CNBC, 14 de novembro de 2011*

WARREN BUFFETT EM 250 FRASES

Bank of America e a crise financeira

Se [o CEO do Bank of America] Ken Lewis não tivesse comprado a Merrill no domingo, acredito que o sistema teria parado. Ele é o cara que acabou salvando o sistema.

— *Comentários para a Financial Crisis Inquiry Commission, 26 de maio de 2010*

Oportunidades durante a crise financeira

Não gosto de soar como um agente funerário durante uma epidemia ou algo assim, mas a última queda [de 2008] foi realmente muito estimulante para mim. Não desejo isso para ninguém, mas havia negócios sendo oferecidos. Havia oportunidades para fazermos negócios que não existiam havia um ou dois anos.

— *Columbia University, 12 de novembro de 2009*

A importância do crédito

O crédito é como o oxigênio: quando qualquer um dos dois está presente em abundância, sua presença passa despercebida; quando qualquer um dos dois está em falta é que *tudo* é notado. Mesmo uma ausência curta de crédito pode levar uma empresa a ficar de joelhos.

— *Carta aos acionistas da Berkshire Hathaway, fevereiro de 2011*

Diretrizes e políticas dos Estados Unidos

Fraude no sistema financeiro

Houve fraude por parte dos mutuários e houve fraude por parte dos intermediários em alguns casos. Portanto, é melhor não ter um sistema que depende da ausência de fraude. Ela estará conosco.

— Comentários para a Financial Crisis Inquiry Commission, 26 de maio de 2010

Emprestando após a crise financeira

Estávamos no bar bebendo. Não tenho certeza de que desejamos voltar até onde estávamos, mas precisamos superar a ressaca.

— Charlie Rose, 30 de setembro de 2011

O orçamento dos Estados Unidos e os déficits comerciais

Daqui a dez anos não estaremos gastando 25% e arrecadando 15% do PIB. Chegaremos lá de alguma forma. Porém [...] todos no país estão tentando pensar em como fazer com que outra pessoa pague por isso. Contudo, alguns deles estão mais bem-equipados para enfrentar essa luta do que outros, e essas são as pessoas com dinheiro que se importam e contratam lobistas.

— CNBC, 14 de novembro de 2011

O plano Simpson-Bowles

Acho que o que aconteceu com Simpson-Bowles foi uma enorme tragédia. Quero dizer, eis dois indivíduos da mais elevada importância. Eles têm ideias um tanto diferentes sobre o governo, mas são inteligentes, decentes e têm bom senso de humor também. Trabalham bem com pessoas. Eles trabalham como ninguém durante dez meses, aproximadamente. Fazem concessões, conquistam o apoio de pessoas tão distantes quanto Durbin e Coburn, e, então, são totalmente ignorados. Acho isso grotesco.

— *CNBC, 14 de novembro de 2011*

Diretrizes e políticas dos Estados Unidos

Dívida do governo

O importante com relação à dívida governamental é quanto é devido para estrangeiros. [...] A dívida nacional é, em grande parte, interna, mas o jogo está mudando à medida que temos um déficit comercial. Então, o déficit comercial é uma ameaça, essencialmente, para que continuemos a viver tão bem quanto vivemos agora. É como se estivéssemos vendendo um pequeno pedaço da fazenda todos os dias, enquanto temos um déficit comercial para financiar nosso próprio consumo. Temos uma fazenda grande e muito rica, portanto podemos vender um pedacinho dela por um longo tempo sem notarmos. É bastante parecido com comer além da conta durante um período. Você não percebe nada em um dia. Não acorda de repente e todos os seus botões arrebentam, e as pessoas dizem: "Meu Deus, você está gordo!" Isso não acontece. O que acontece é que você continua com os mesmos hábitos por algum tempo, sentindo tanto prazer com aquilo, e, após algum tempo, vê que adquiriu uma tremenda barrigona. E essa é, essencialmente, a situação de nosso déficit comercial. Estamos dando ao restante do mundo vales que poderão ser resgatados no futuro. Isso terá consequências com o passar do tempo.

— *Palestra para graduandos da University of Notre Dame, primavera de 1991*

Aumentando o teto da dívida

Aumentamos o teto da dívida sete vezes durante a administração Bush, e agora, nesta administração, eles a estão usando como um refém. Ninguém tem justificativa para jogar roleta-russa apenas para sair ganhando em outra questão. Deveríamos ser mais maduros do que isso.

— *CNBC, 7 de julho de 2011*

Democracia nos Estados Unidos

Ainda somos uma democracia, mas durante minha vida caminhamos em direção a uma plutocracia. Não temos uma plutocracia, quero enfatizar isso, mas a distribuição de riqueza e a influência da riqueza seguiram essa direção.

— *Haaretz, 23 de março de 2011*

Diretrizes e políticas dos Estados Unidos

A morte de Osama bin Laden

Um assassino em massa de dimensões quase incompreensíveis foi eliminado, exatamente como Hitler. Porém, há muitas pessoas espalhadas pelo mundo que terão intenções diabólicas com relação a este país [...] e elas não irão embora. Elas continuarão a buscar formas de nos ferir, de nos destruir, e acho que nosso governo tem feito um trabalho muito bom.

— CNBC, 2 de maio de 2011

11 de setembro de 2001

De fato pensei que seríamos atingidos novamente. E a razão por que isso não aconteceu [...] bem, não sabemos todas as razões. Porém, alguém fez muitas coisas certas [...] durante anos, em ambas as administrações, para evitar que isso acontecesse. No entanto, o desejo de nos prejudicar existe nos corações de muita gente em todo o mundo, e esses indivíduos estão procurando novas formas de fazê-lo, por isso precisamos de um governo cada vez mais vigilante; e acho que temos um.

— CNBC, 2 de maio de 2011

WARREN BUFFETT EM 250 FRASES

Por que, você poderia perguntar, não previ [o risco dos ataques terroristas] *antes* do 11 de Setembro? A resposta, tristemente, é que previ, mas não converti o pensamento em ação. Violei a lei de Noé: prever a chuva não conta; construir arcas, sim.

— *Carta aos acionistas da Berkshire Hathaway,*
fevereiro de 2002

China

A China e os Estados Unidos se darão muito bem com o passar do tempo. Temos basicamente os mesmos interesses. Ambos temos bombas nucleares, portanto, não é nosso interesse começar a nos enforcer um com o outro. E haverá tensões. Vamos querer jogar da nossa forma, e eles desejarão jogar da forma deles, e ambos teremos de ceder em certos casos.

— *CNBC, 14 de novembro de 2011*

Diretrizes e políticas dos Estados Unidos

A crise do euro

Eles tentaram um experimento cujas imperfeições estão ficando claras [...] Eles mesclaram em uma única moeda 17 países, mas não mesclaram a cultura, não mesclaram as políticas fiscais. Eles precisam se aproximar de uma forma mais significativa ou se separar.

— Charlie Rose, *30 de setembro de 2011*

Barack Obama

Em retrospecto, creio que ele deveria ter preparado o público norte-americano um pouco melhor para o que estava por vir. [...] Não existia nenhuma varinha mágica quando ele assumiu em 2009. Eu o admiro muito, bem como as ações tomadas, mas na medida em que as pessoas acreditavam que tudo estaria curado em seis, oito ou dez meses, isso foi um erro.

— Charlie Rose, *30 de setembro de 2011*

Capítulo 6: Riqueza e impostos

Riqueza e impostos

Bens

Tenho todos os bens que desejo. Muitos dos meus amigos têm muito mais. Porém, em alguns casos, sinto que os bens os possuem, em vez de eles possuírem os bens.

— *CBS News, 8 de fevereiro de 2012*

Poder amplificador do dinheiro

O que o dinheiro faz é amplificá-lo. Seja qual for o tipo de pessoa que você é no início — e a idade faz isso também, à medida que as pessoas envelhecem —, ele amplificará ambas [...] as tendências, boas e más. Se você é um porco, o dinheiro dará a você a oportunidade de ser um porcalhão. Por outro lado, se tiver uma propensão a fazer coisas boas, ele lhe dará o poder de fazer muitas coisas incríveis.

— Georgia Tech Alumni Magazine, *inverno de 2003*

Riqueza e satisfação

À medida que enriquecem aqui, as pessoas começam a olhar à sua volta e não conseguem ficar mais satisfeitas. Às vezes, elas ficam mais insatisfeitas. Isso aconteceu nos Estados Unidos. Atualmente, temos um PIB *per capita*, em termos reais, seis vezes maior do que quando nasci. No entanto, não sei se as pessoas estão mais felizes agora ou mais descontentes ou o que quer que seja do que estavam em 1930. Porém, as pessoas têm a capacidade de se adaptar muito rapidamente a situações que estão melhorando, e qualquer ajuste mínimo para baixo pode deixá-las bastante infelizes.

— *CNBC, 14 de novembro de 2011*

Riqueza e impostos

Dividindo o bolo econômico

Mesmo numa família rica, pode-se discutir sobre quem tem a maior renda, e tenho certeza de que isso acontece. Temos uma família muito rica nos Estados Unidos. Os mais idosos desejam mais, os mais novos desejam mais, as pessoas que estão em seus anos produtivos gostariam de dar menos aos que não são produtivos. O bolo nunca será grande o suficiente para satisfazer aos desejos de todos.

— Haaretz, *23 de março de 2011*

A maré crescente de riqueza

Foi-nos prometido que uma maré cheia levantaria todos os barcos. Uma maré cheia levantou todos os iates.

— *CBS News, 8 de fevereiro de 2012*

A fonte de riqueza de Buffett

Minha riqueza veio de uma combinação de viver nos Estados Unidos, alguns genes sortudos e juros compostos.

— *The Giving Pledge*

Quando me casei, em 1952, disse a Susie que seria rico. Isso não se daria devido a alguma virtude minha ou mesmo por causa de trabalho árduo, mas porque eu tinha nascido com as habilidades certas, no lugar certo, no momento certo.

— Fortune, *25 de junho de 2006*

Herança

Uma pessoa muito rica deveria deixar para seus filhos o suficiente para eles fazerem qualquer coisa, mas não o suficiente para eles não fazerem nada.

— Fortune, *25 de junho de 2006*

Riqueza e impostos

Susie e eu nunca pensamos em deixar uma enorme quantia em dinheiro para nossos filhos. Nossos filhos são excelentes. Posso afirmar que quando seus filhos já têm todas as vantagens — em termos de criação e das oportunidades de educação, incluindo o que eles aprendem em casa —, não é certo nem racional inundá-los com dinheiro.

Na verdade, eles tiveram uma vantagem gigantesca em uma sociedade que aspira a ser uma meritocracia. A imensa riqueza dinástica desequilibra o campo de jogo que deveríamos tentar nivelar.

— Fortune, *25 de junho de 2006*

A riqueza é um monte de canhotos que dão direitos sobre as atividades de outras pessoas no futuro. Você pode usar essa riqueza de qualquer forma que desejar, pode se beneficiar dela ou distribuí-la. Porém, a ideia de passar a riqueza de geração em geração, de forma que centenas de seus descendentes possam comandar os recursos de outros indivíduos apenas por terem vindo de um determinado útero é uma afronta a uma sociedade meritocrática.

— The Snowball, *2008*

WARREN BUFFETT EM 250 FRASES

A sorte de Buffett

Se todos fôssemos abandonados em uma ilha deserta — se todos pousássemos lá e nunca mais pudéssemos sair —, a pessoa mais valiosa seria a que conseguisse cultivar a maior quantidade de arroz ao longo do tempo. E alguém poderia dizer: "Bem, eu sei como alocar capital", mas ninguém ficaria muito animado com isso.

— *Seminário na University of Florida,*
15 de outubro de 1998

Nasci na hora e no lugar certos, onde a habilidade de alocar capital realmente importa. Estou adaptado a essa sociedade. Ganhei a "loteria ovariana". Ganhei a bola que dizia: "Alocador de capital — Estados Unidos."

— BusinessWeek, *5 de julho de 1999*

Tive sorte de nascer onde nasci [...] sortudo com os pais, sortudo com todo tipo de coisa e sortudo por pensar de uma forma que é fartamente recompensada pela economia de mercado. A economia não recompensa alguém que é tão bom cidadão quanto eu — você sabe, os líderes dos escoteiros, que ensinam na escola dominical [...] criam boas famílias — mas que não sabe pensar da mesma forma que eu.

— *Seminário na University of Florida,*
15 de outubro de 1998

Riqueza e impostos

Alíquota de impostos das pessoas ricas

Aposto um milhão de dólares contra qualquer membro da Forbes 400 que não concordar que a [alíquota de imposto] média para os membros da Forbes 400 será menor do que a média de suas recepcionistas. Eu lhes darei um número 0800. Eles podem me ligar. E o milhão irá para qualquer caridade designada pelo vencedor.

— NBC Nightly News, *30 de outubro de 2007*

Quarenta por cento da receita nos Estados Unidos vêm dos impostos sobre as folhas de pagamento, 40%. Estão cobrando de minha faxineira um imposto sobre o salário dela. O imposto sobre o salário dela, contando a porção que o empregador paga, é mais alto do que o imposto sobre meus ganhos de capital [...] Quero dizer, sou tratado como se fosse a águia americana ou algo semelhante — que precisa ser protegida a todo custo.

— CNBC, *7 de julho de 2011*

Impostos para operadores de fundos de hedge

[Os operadores de fundos de hedge] dizem que trabalham arduamente e que, ao trabalharem arduamente, ganham dinheiro para outras pessoas. E isso é verdade para muitas pessoas no mundo, mas não lhes dá direito a uma alíquota de imposto preferencial.

— NBC Nightly News, *30 de outubro de 2007*

Sacrifício compartilhado

Nossos líderes pediram um "sacrifício compartilhado". Porém, quando o fizeram, eles me pouparam. Consultei meus amigos muito ricos para saber que tormento eles estavam esperando. Eles também permaneceram intocados. Enquanto os pobres e a classe média lutam por nós no Afeganistão, e enquanto a maioria dos norte-americanos tem dificuldade para cobrir as despesas, nós — os muito ricos — continuamos a gozar de nossas alíquotas de impostos extraordinárias.

— New York Times, *14 de agosto de 2011*

Riqueza e impostos

O imposto sobre propriedades

Se eliminarmos mais ou menos 20 bilhões de dólares arrecadados pelo imposto sobre heranças, será necessário arrecadar esse montante por meio de um aumento nos impostos cobrados de todos os outros de alguma forma. É surpreendente como a população norte-americana luta pelas famílias de alguns milhares de pessoas que pagam altos impostos sobre propriedades para que o restante do país pague por isso de seus próprios bolsos.

— The Snowball, *2008*

Impostos pagos pela Berkshire

Emitir cheques que incluem muitos zeros para a Receita Federal não incomoda nem a Charlie nem a mim. A Berkshire, como uma corporação, e nós, como indivíduos, prosperaramos nos Estados Unidos como não prosperaríamos em nenhum outro país. Na realidade, se vivêssemos em qualquer outra parte do mundo e estivéssemos completamente isentos de impostos, tenho certeza de que estaríamos em uma situação financeira (e em muitos outros aspectos também) pior. Em geral, sentimo-nos muito afortunados por ter tido as oportunidades que nos possibilitaram emitir cheques com grandes somas para o governo em vez de pedirmos ao governo para emitir regularmente cheques para nós — digamos, por termos sido aposentados por invalidez ou estarmos desempregados.

— *Carta aos acionistas da Berkshire Hathaway,*
março de 1999

Riqueza e impostos

Reforma fiscal neutra com relação à renda

Você pode reduzir a alíquota e torná-la neutra com relação à renda eliminando todas aquelas coisas especiais. Não tenho nada contra isso. Francamente, isso beneficiaria a Berkshire. Mas eu lhes digo, se for neutra com relação à renda, significa que a mesma quantidade de pessoas terá seus impostos tanto aumentados quanto diminuídos, e os que estarão sujeitos a aumentos inundarão o Congresso com lobistas. Se for neutra com relação à renda, isso significa que bilhões e bilhões e bilhões mais virão de algumas empresas, uma vez que a Berkshire pagará menos.

— *CNBC, 14 de novembro de 2011*

Lobby e o código tributário

Todo trecho do código tributário está lá porque alguém lutou por ele. Aqueles que se importam com aquele trecho estão concentrados e focados nele, e aqueles que são afetados por ele estão dispersos e não têm ciência de sua existência.

— *Haaretz, 23 de março de 2011*

A legislação tributária foi moldada não pela lógica, mas pela K Street.

— *CNBC, 7 de julho de 2011*

Desigualdade de renda

Se você olhar para essas quatrocentas rendas mais altas que evoluíram de em média 40 milhões de dólares por família para 200 milhões de dólares, sua alíquota efetiva de imposto caiu de 29% e uma fração para 21%. Portanto, estamos no meio de uma luta de classes, mas ocorre que minha classe está ganhando. Na realidade, minha classe não está ganhando, nós os estamos destruindo. Estamos ganhando de goleada!

— *Charlie Rose, 30 de setembro de 2011*

Riqueza e impostos

Se houver uma guerra de classes, seremos nós, os ricos, que a travaremos. E nossos soldados serão os lobistas. E os pobres têm um monte de soldadinhos de brinquedo.

— *CNBC, 14 de novembro de 2011*

Esse sistema funciona para as pessoas envolvidas. Ele funciona para os ricos, para aqueles com interesses especiais, para as pessoas no Congresso, para os lobistas. Ele talvez não funcione para minha faxineira. Mas o que ela pode fazer a respeito?

— *CNBC, 14 de novembro de 2011*

A "Regra de Buffett"

Nos últimos 25 anos, o patrimônio líquido dos integrantes da lista Forbes 400 foi multiplicado por nove. Nos últimos 15 anos, ele aumentou em uma proporção de três por um. Isso não está acontecendo com o povo norte-americano como um todo, e está ocorrendo durante um momento em que essas mesmas pessoas ricas tiveram suas alíquotas de impostos reduzidas em muito. Acredito que quando estamos falando para 312 milhões de norte-americanos sobre sacrifício compartilhado e tirando coisas que prometemos para eles [...] é hora de os muito ricos participarem desse sacrifício em alguma medida. Eles nem o sentirão.

Quero dizer, se mudarmos um pouco as regras de seguridade social, milhões de cidadãos sentirão na pele. Mudando as regras do Medicare [seguro saúde público nos Estados Unidos], milhões de pessoas sentirão. Se impusermos um imposto mínimo de 30% a 35% sobre as rendas acima de um milhão, 10 milhões ou mais, a verdade é que esses indivíduos nem perceberão. Porém, pelo menos o povo norte-americano, como um todo, sentirá de alguma forma que os muito ricos foram conclamados a participar, mesmo que num grau pequeno, desse sacrifício geral em que todos fomos solicitados a participar.

— *CNBC, 14 de novembro de 2011*

Riqueza e impostos

Isso é muito importante em termos de convencer as pessoas a fazer o tipo de sacrifício que enfrentarão. Teremos de dizer a elas que algumas das promessas precisarão ser modificadas, e essas são as pessoas que não têm muita margem de segurança em seus próprios negócios. Elas não são como eu; elas não têm como vender algumas ações ou algo parecido se o pagamento não for feito.

Com os muito ricos pagando impostos muito abaixo do normal — muitos deles não estão, mas há muitos que estão —, acho que é um erro terrível pedir a 300 milhões de americanos para apertar seus cintos e ignorar esse grupo.

— Charlie Rose, *30 de setembro de 2011*

Eu preferia que um home run feito no Yankee Stadium recebesse meu nome. Você sabe, "Esse foi o home run do Buffett", ou algo semelhante.

— *CNBC, 14 de novembro de 2011*

Capítulo 7: Lições de vida

Lições de vida

Amor incondicional

A maior lição que aprendi é o poder do amor incondicional. Se você o oferece a seu filho, já acertou em 90%. Se todos os pais do mundo puderem conceder isso a seus filhos desde muito jovens, isso contribuirá para que se tornem seres humanos melhores.

— The Huffington Post, *8 de julho de 2010*

O pai de Buffett

Meu pai [...] foi realmente uma pessoa independente. Mas ele não era assim apenas por rebeldia. Ele apenas não se importava com o que os outros pensavam. Meu pai me ensinou como a vida deveria ser vivida.

— The Snowball, *2008*

Nunca vi meu pai fazer nada durante toda a sua vida que o constrangeria caso saísse na primeira página do jornal. [...] Ele me deu amor incondicional. [...] Ele foi um ser humano extraordinário.

— *CBS News, 8 de fevereiro de 2012*

Vantagens de Buffett

Quando eu era criança, tive todos os tipos de coisas boas. Tive a vantagem de um lar onde as pessoas falavam sobre assuntos interessantes, tive pais inteligentes e frequentei boas escolas. Acho que não poderia ter sido criado por pais melhores. Isso foi de uma importância imensa. Não herdei dinheiro de meus pais nem desejava herdar. Porém, nasci no momento certo e no lugar certo.

— The Snowball, *2008*

Rebeldia infantil

Fui bastante rebelde [quando criança]. Alguns professores previram que eu seria um fracasso desastroso. Estabeleci um recorde de advertências por mau comportamento e coisas afins. No entanto, meu pai nunca desistiu de mim. E minha mãe também não. Nenhum dos dois. É fantástico ter pais que confiam em você.

— The Snowball, *2008*

Lições de vida

Aprendendo ética

Em minha opinião, o melhor lugar para aprender ética é em casa. Acho que a maioria de nós obtém seus valores com base no que vê ao seu redor antes de entrar na faculdade de administração. Acredito que seja importante enfatizar esses valores, mas creio que se tivesse de escolher entre ter uma excelente educação e ética em casa ou numa faculdade mais tarde, eu escolheria em casa.

— *Columbia University, 12 de novembro de 2009*

A mulher de Buffett

Susie exerceu influência tão importante sobre mim quanto meu pai, talvez maior, de forma diferente. Eu tinha todos esses mecanismos de defesa que ela poderia explicar mas eu não. Ela provavelmente via coisas em mim que outras pessoas não conseguiam ver. Porém, Susie sabia que levaria tempo e muito estímulo para que tudo aquilo florescesse. Ela me fez sentir que eu tinha alguém com um pouquinho de poder que se certificaria de fazer as flores desabrocharem.

— *The Snowball, 2008*

Com quem se casar

Case-se com a pessoa certa. E estou falando sério quando digo isso. Fará uma grande diferença em sua vida. Mudará suas aspirações, todo tipo de coisa. A pessoa com quem você se casa é extremamente importante.

— *Columbia University, 12 de novembro de 2009*

Planos de vida

Não acredito em fazer planos de vida.

— Forbes, *1º de novembro de 1969*

Provocando Jay-Z

Jay-Z esteve aqui cerca de um ano atrás. E o que aconteceu foi que admirei sua gravata umas seis vezes. Eu disse: "Minha nossa, essa é uma gravata bonita, Jay." E, finalmente, ele disse: "OK, você venceu, Warren." Ele tirou a gravata e me deu de presente.

[Mais tarde] fui a um evento e usei a gravata que ele me deu. E, então, quando o vi, comecei a olhar para a sua gravata. Eu disse: "Ora, Jay, essa é uma gravata bonita." E ele respondeu: "Warren [...] esquece; você só vai conseguir ganhar uma."

— *CBS News, 8 de fevereiro de 2012*

Lições de vida

Rotina diária

Gasto um tempo exagerado lendo. Provavelmente, leio durante pelo menos seis horas por dia, talvez mais. E passo uma hora ou duas ao telefone. E penso. É isso.

— Seminário com alunos da University of Nebraska-Lincoln, 10 de outubro de 1994

Paciência

[O CEO da Capital Cities/ABC] Tom Murphy, quarenta anos atrás, disse para mim um dia: "Sabe, Warren, você sempre poderá mandar o cara para o inferno no dia seguinte. Você tem todo o direito. Por isso, cale-se e respire fundo hoje, e veja se você se sente da mesma forma amanhã." Esse é um conselho ótimo. Não sei de quantos problemas isso me salvou.

— The Huffington Post, 8 de julho de 2010

WARREN BUFFETT EM 250 FRASES

Confiança em si mesmo

Sinto como se eu estivesse deitado na Capela Sistina. E eu a pintava. Gosto quando as pessoas dizem: "Uau, esse é um quadro bonito." Mas é o meu quadro, e quando alguém diz: "Por que você não usa mais vermelho do que azul?"Adeus. É meu quadro. E eu não me importo com o preço de venda. O quadro em si nunca será terminado. Essa é uma das coisas mais extraordinárias a esse respeito.

— The Snowball, *2008*

Não acredito em dar passos curtos quando vemos algo de que realmente entendemos. Nunca quero fazer algo em uma escala pequena. Qual seria o sentido disso? Se estou fazendo algo em pequena escala porque não tenho muita confiança em minha opinião, deixarei isso de lado e buscarei algo do qual tenha certeza.

— *Seminário com alunos da University of Nebraska-Lincoln, 10 de outubro de 1994*

Lições de vida

Quem Buffett ouve

Tive bastante sorte por ter adquirido os princípios básicos muito cedo na vida. E, desde então, basicamente não ouvi mais ninguém. Olho no espelho todas as manhãs e ele sempre concorda comigo.

— *Columbia University, 12 de novembro de 2009*

Indicador de avaliação interno

A grande questão sobre como as pessoas se comportam é se elas têm um indicador de avaliação interno ou externo. É bom se você conseguir ficar satisfeito com um indicador interno. Sempre coloco da seguinte forma: "Você prefere ser o maior amante do mundo, embora todos acreditem que você seja o pior amante do mundo, ou prefere ser o pior amante do mundo, contanto que todos acreditem que você é o maior amante do mundo?"

— The Snowball, *2008*

Seu melhor investimento

Seu melhor investimento é você mesmo. Nada se compara a isso.

— Georgia Tech Alumni Magazine, *inverno de 2003*

Trabalho desagradável

Se você trabalha com pessoas que fazem seu estômago embrulhar, eu lhe recomendaria procurar outro emprego. Essa é uma forma terrível de viver a vida, e só se vive uma vez.

— Georgia Tech Alumni Magazine, *inverno de 2003*

Amando seu trabalho

Você deve fazer o que ama. Você precisa ter paixão pelo seu trabalho. Se não tiver, faça outra coisa. Há algo adequado para você. [...] Contanto que esteja fazendo o que gosta, não fará nenhuma diferença se você ganhar 10 milhões de dólares, 100 milhões ou um milhão. Você deve querer ter o suficiente para poder fazer a maioria das coisas de que gosta na vida. Isso não requer uma fortuna.

— Georgia Tech Alumni Magazine, *inverno de 2003*

Faça o que faria se estivesse no meu lugar, no qual o dinheiro não teria significado algum para você. Aos 79 [...] trabalho todos os dias. E é isso que quero fazer mais do que qualquer outra coisa no mundo. Quanto mais cedo você conseguir se aproximar desse ideal, mais diversão terá na vida e melhor você se dará.

— *Columbia University, 12 de novembro de 2009*

Lições de vida

Integridade

Um colega meu de Omaha, Pete Kiewit, costumava dizer que procurava três coisas ao contratar pessoas: integridade, inteligência e energia. Ele dizia que se uma pessoa não tivesse a primeira qualidade [...] as outras duas o matariam. Porque se ela não tem integridade, é melhor que seja tola e preguiçosa. Você não gostaria que ela fosse inteligente e cheia de energia.

— *Seminário na University of Florida,*
15 de outubro de 1998

WARREN BUFFETT EM 250 FRASES

Qualidades para o sucesso

Imagine por um momento que lhe concedi o direito de comprar 10% de um de seus colegas de classe para o restante da vida dele [...] e lhe desse uma hora para pensar a respeito. Qual colega escolheria [...]? Daria a eles um teste de inteligência? Escolheria aquele com o maior Q.I.? Duvido. Escolheria aquele com as melhores notas? Duvido. Você nem mesmo escolheria, o mais enérgico ou o que demonstrasse iniciativa, mas começaria a procurar fatores qualitativos além disso, porque todos têm capacidade cerebral e energia suficientes. [...] Você provavelmente escolheria aquele com o qual se relacionasse melhor; aquele que teria qualidades de liderança; aquele que seria capaz de fazer outras pessoas executarem seus interesses. Essa seria uma pessoa generosa e honesta, que daria crédito aos outros por suas ideias. Todo tipo de qualidade é assim.

— *Seminário na University of Florida,*
15 de outubro de 1998

Lições de vida

Temperamento

Sem dúvida, sua qualidade mais importante não é o seu Q.I.. O Q.I. não é o fator mais importante. Você precisa de um nível razoável de inteligência, mas o *temperamento* é 90% da questão.

— *Palestra para o corpo docente da University of Notre Dame, primavera de 1991*

Velhice

Quando tiver 81 anos, você se divertirá mais do que está se divertindo agora. Quero dizer, 81 é uma excelente idade. Anseio continuar fazendo o que faço hoje. [...] Esqueço se foi Mel Ott, quando jogava para os Giants, ou algum outro jogador que disse: "Cara, dá para acreditar que eles me pagam por isso?" É assim que me sinto.

— *CBS News, 8 de fevereiro de 2012*

Medindo o sucesso

Quando chegar à minha idade, você medirá o sucesso na vida pelo número de pessoas que desejou que o tivessem amado e que de fato o amam. Conheço pessoas que têm muito dinheiro, são homenageadas em grandes jantares, têm alas inteiras de hospitais batizadas com seu nome. Porém, a verdade é que ninguém no mundo as ama. Se você chegar à minha idade e não houver ninguém que goste de você, não importa o tamanho de sua conta bancária, [sua vida] terá sido um desastre.

— Georgia Tech Alumni Magazine, *inverno de 2003*

Cuidando de você mesmo

Digamos que quando fiz 16 anos, um gênio apareceu para mim e disse: "Warren, darei a você o carro de sua escolha. Ele estará aqui amanhã pela manhã com um grande laço amarrado. Novinho em folha. E todo seu." Tendo ouvido todas essas histórias de gênios, eu diria: "Qual é a pegadinha?" E o gênio iria responder: "Há apenas uma pegadinha. Esse é o último carro que você terá na vida. Portanto, ele terá de durar a sua vida toda."

Lições de vida

Se isso tivesse acontecido, eu teria escolhido o carro. Porém, você consegue imaginar, sabendo que ele teria de durar a minha vida toda, o que eu faria com ele? Eu leria o manual cerca de cinco vezes. Sempre o guardaria na garagem. Se houvesse o menor amassadinho ou arranhão, eu o consertaria imediatamente porque não gostaria que ele enferrujasse. Cuidaria dele como um bebê, porque ele teria de durar uma vida inteira.

Essa é a posição em que você está em relação à sua mente e seu corpo. Você só tem uma mente e um corpo. E ambos têm de durar a vida toda. É muito fácil fazê-los funcionar por muitos anos. Porém, se você não cuidar dessa mente e desse corpo, eles estarão arruinados quarenta anos mais tarde, exatamente como o carro estaria. É o que você faz certo agora, hoje, que determinará como sua mente e seu corpo funcionarão daqui a dez, vinte ou trinta anos.

— The Snowball, *2008*

A lista Forbes

Se a *Forbes* preparasse uma lista dos quatrocentos americanos mais velhos e eu estivesse nela — essa seria a lista em que eu realmente gostaria de ser incluído.

— *CNBC, 2 de maio de 2011*

Aposentando-se

Estou em boas condições de saúde; amo o que faço, ficarei gagá um dia, e eles me arrancarão daqui. [...] Meus três filhos supostamente entrarão aqui em grupo e dirão: "Sabe, papai, você está ficando gagá." Digo a eles que se apenas um deles vier, estará fora do testamento; portanto, eles terão de vir todos juntos.

— *CNBC, 14 de novembro de 2011*

Gerenciando postumamente

Relutantemente descartei a ideia de continuar a gerenciar meu portfólio após minha morte — abandonando minha esperança de dar um novo significado ao termo "pensar fora da caixa".

— *Carta aos acionistas da Berkshire Hathaway, fevereiro de 2008*

Lições de vida

Os desafios da filantropia

Nos negócios, procura-se problemas fáceis. Na filantropia, procura-se problemas muito difíceis. Se você estiver fazendo filantropia séria e em grande escala, estará olhando para problemas que desafiaram o intelecto por um longo tempo, e todos sabiam que eles eram importantes. Então, você tem de esperar uma taxa de insucesso muito maior.

Em carta para meus filhos, quando fundei as instituições filantrópicas deles, eu disse: se todos os seus esforços forem bem-sucedidos, vocês são um fracasso, porque significa que estão fazendo coisas fáceis que a sociedade faria de alguma forma.

Porém, um grande problema é o fato de que se está cuidando de problemas muito mais difíceis; o segundo problema é não ter um sistema de feedback do mercado. Se você montar uma lanchonete e vender hambúrgueres de má qualidade, saberá ao final do primeiro dia. Na filantropia, se você estiver cometendo tolices, as pessoas o encorajarão a cometer mais tolices. Não existe um feedback do mercado, e esse é um grande problema.

— Haaretz, *23 de março de 2011*

WARREN BUFFETT EM 250 FRASES

Dando um retorno para a sociedade

Andrew Carnegie [...] disse que as fortunas imensas que fluem em grande parte da sociedade deveriam ser devolvidas na mesma proporção para a sociedade. No meu caso, a capacidade de alocar capital teria tido pouca utilidade a menos que eu vivesse em um país rico e populoso no qual quantidades enormes de títulos e valores mobiliários fossem negociáveis e, às vezes, tivessem preços ridiculamente baixos. E, felizmente para mim, isso descreve os Estados Unidos na segunda metade do último século.

— Fortune, *25 de junho de 2006*

Lições de vida

Doando para a Gates Foundation

Acabei percebendo que havia uma fundação extraordinária que já tinha uma importância considerável no mercado — que não precisaria passar pelo trabalho maçante de chegar a um tamanho enorme como o da Fundação Buffett — e que poderia utilizar meu dinheiro de forma produtiva imediatamente. [...]

Ao longo dos anos, conheci bem Bill e Melinda Gates, passei muitas horas divertidas com os dois e, muito mais que isso, passei a admirar o que eles estavam fazendo com sua fundação. Assisti às apresentações deles sobre os programas da fundação, e sempre me surpreendo com o entusiasmo, a paixão e a energia que eles dedicam ao trabalho, no qual, poderíamos dizer, eles mergulharam de corpo e alma.

— Fortune, *25 de junho de 2006*

WARREN BUFFETT EM 250 FRASES

Ele tem essa visão de que cada vida no mundo é absolutamente preciosa e única, e está apoiando essa visão não só com dinheiro, mas com seu tempo. E sua mulher, Melinda, dá apoio com o tempo dela. E eles estão realmente empregando mais ou menos a última metade de suas vidas utilizando [...] dinheiro, talento, energia, imaginação, tudo para melhorar a vida de 6,5 bilhões de pessoas em todo o mundo. É isso o que mais admiro.

— *Columbia University, 12 de novembro de 2009*

Lições de vida

Estou me associando a duas pessoas imensamente bem-sucedidas em algo que tive a chance de ver sendo realizado e que sei que continuará sendo. Elas o estão realizando com o próprio dinheiro — portanto, não estão vivendo em nenhum mundo de fantasia. Além disso, concordo com suas ideias, em geral. Se encontrei o veículo certo para meu objetivo, não há por que esperar.

Compare o que estou fazendo com os dois com minha situação na Berkshire, onde tenho gente qualificada e experiente no comando de nossos negócios. Eles fazem um trabalho muito melhor do que eu faria na gestão de suas operações. O que pode ser mais lógico, em qualquer coisa que você queira realizada, do que encontrar alguém mais capacitado do que você para fazê-la? Quem não selecionaria Tiger Woods para ocupar seu lugar em um jogo de golfe valendo uma aposta alta.

— Fortune, *25 de junho de 2006*

Uma sociedade justa

Vamos supor que 24 horas antes de seu nascimento um gênio viesse até você e lhe dissesse: "Herb, você parece muito promissor, e tenho um grande problema. Preciso projetar o mundo no qual você irá viver e [...] decidi [...] que é muito difícil, então *você* o projetará." [...] Você idealizaria as regras sociais, as regras econômicas, as políticas governamentais, e você e seus filhos viveriam sob elas. Você diz: "Posso projetar qualquer coisa? [...] Deve haver uma pegadinha." Ele diz: "Bem, existe uma pegadinha. Você não sabe se nascerá preto ou branco, rico ou pobre, homem ou mulher, doente ou saudável [...] Tudo que sabe é que você retirará uma bola de uma caixa com 5,8 bilhões delas."

Você participará do que chamo de "loteria ovariana". Tirará uma bolinha de lá, e esse será o fato mais importante que acontecerá com você em toda a sua vida. Isso decidirá se você nascerá aqui ou no Afeganistão, ou se nascerá com um Q.I. de 130 ou um de 70. Isso determinará muita coisa. E você sairá pelo mundo carregando essa bola. Agora, que tipo de mundo você deseja projetar?

Acho que essa é uma boa forma de olhar para questões sociais, porque, ao não saber qual bola irá sortear, você irá desejar planejar um sistema que inclua muitos

Licões de vida

bens e serviços, porque desejará que as pessoas — no cômputo geral — vivam bem. E desejará que o mundo produza mais e mais de forma que seus filhos vivam bem e seus netos vivam melhor ainda, mas você também desejará um sistema que [...] não deixe para trás uma pessoa que acidentalmente pegou a bolinha errada.

— *Seminário na University of Florida,*
15 de outubro de 1998

Linha do tempo

Linha do tempo

30 DE AGOSTO DE 1930

Warren Edward Buffett nasce em Nebraska, filho de Howard e Leila Buffett.

1941

WB, 11 anos, compra suas primeiras ações com a irmã, Doris. Após as ações perderem valor no princípio, WB as vende com um lucro modesto. Imediatamente após ele as vender, o preço por ação sobe mais de 500%.

1942

WB se muda para Washington, com a família quando o pai é eleito para o Congresso.

1945

WB investe 1.200 dólares de suas economias em 40 acres de terras rurais, usando dinheiro ganho como entregador de jornais.

1947

WB e um amigo começam um empreendimento comercial. Eles compram máquinas de fliperama de segunda mão, colocam-nas em lojas locais, incluindo uma barbearia, e recebem os lucros. WB vende o negócio.

Após se formar no ensino médio, WB entra para a Wharton School, na Pensilvânia. Ele reclama que sabe mais do que seus professores.

1949

WB pede transferência para a University of Nebraska-Lincoln, onde se forma após três anos de estudos.

WB lê *O investidor inteligente*, de Benjamin Graham, livro que, segundo ele, lhe ensinou as filosofias de investimentos que usaria durante toda a vida.

1950

WB se matricula na Columbia University após saber que Graham é professor de lá.

1951

WB se oferece para trabalhar para Graham de graça, mas é recusado. Ele se forma e retorna para Omaha, onde começa a namorar Susan Thompson. WB investe 2 mil dólares em um posto de gasolina Sinclair, onde lava para-brisas nos fins de semana. Ele perde todo o investimento.

1952

WB e Susan Thompson se casam e têm sua primeira filha, Susie.

Linha do tempo

1954

Graham oferece a WB um emprego em sua sociedade, o qual ele aceita por um salário de 12 mil dólares por ano. A família se muda para White Plains, Nova York, e WB se torna o funcionário mais destacado da sociedade.

1956

Graham se aposenta e oferece a WB uma sociedade em seu negócio. WB, cansado de Nova York e pouco interessado em ser um sócio minoritário, recusa.

A família volta para Omaha, e WB decide se aposentar e viver dos juros de seu dinheiro. Para ganhar o suficiente para se aposentar, cria a Buffett Associates, uma sociedade de investimentos, com alguns amigos. Ele, então, cria mais duas sociedades.

1957

WB cria mais duas sociedades, atingindo o total de cinco.

1961

WB consegue seu primeiro investimento com valor superior a um milhão de dólares.

1962

WB consolida suas sociedades na Buffett Partnerships, a qual valia naquela altura 7 milhões de dólares. WB começa a comprar ações da empresa têxtil Berkshire Hathaway.

WARREN BUFFETT EM 250 FRASES

1964

Um escândalo de fraude faz o preço das ações da American Express despencar. WB começa a comprar ações, confiante na empresa e em suas perspectivas de longo prazo.

1965

WB investe pesado na empresa Walt Disney, acreditando fortemente na lucratividade futura da empresa e nas qualidades de liderança de Walt Disney, que WB conhece pessoalmente.

WB assume o controle da Berkshire Hathaway e nomeia um novo presidente para administrar a empresa.

1969

WB desfaz suas várias sociedades e distribui ações da Berkshire Hathaway para seus sócios.

1970

Os lucros da Berkshire Hathaway derivados de seguros e outros investimentos são mais de cem vezes maiores do que seus ganhos na indústria têxtil. WB começa a escrever cartas anuais para os acionistas da Berkshire Hathaway.

1977

A Berkshire Hathaway compra o *Buffalo Evening News* — embora já tenha interesse em outros jornais, como o

Linha do tempo

Washington Post. Isso desperta alegações de problemas antitruste que nunca se materializam.

1983

As ações da Berkshire Hathaway sobem mais de mil dólares por ação. O patrimônio líquido de WB alcança 620 milhões de dólares.

1985

WB fecha as fábricas têxteis da Berkshire após anos apoiando um negócio decadente.

1988

A Berkshire Hathaway começa a comprar mais de um bilhão de dólares em ações da Coca-Cola.

1990

A Berkshire Hathaway compra 10% da Wells Fargo.

1995

A Berkshire Hathaway compra a Helzberg Diamonds e a RC Willey Home Furnishings.

1996

A Berkshire Hathaway compra todas as ações da empresa de seguros GEICO.

WARREN BUFFETT EM 250 FRASES

1997

A Berkshire Hathaway compra a Dairy Queen e a Star Furniture, e investe na US Airways.

1998

A Berkshire Hathaway compra a General Re e a Executive Jet.

1999

A Berkshire Hathaway compra a Jordan's Furniture e investe na MidAmerican Energy Holdings Company.

2000

WB é nomeado o maior gestor financeiro do século XX pelo Carson Group.

A Berkshire Hathaway compra a Acme Building Brands, a Shaw Industries, a Benjamin Moore e a Johns Manville.

2004

A mulher de WB, Susan, morre de um derrame.

2006

WB anuncia seu plano de doar mais de 80% de sua fortuna para cinco fundações, a maior parte para a Bill and Melinda Gates Foundation. WB se casa com Astrid Menks.

Linha do tempo

WB leiloa seu Lincoln Town Car modelo 2001 para instituições de caridade.

2007

WB anuncia que está procurando um sucessor para administrar a Berkshire Hathaway.

2008

WB torna-se o homem mais rico do mundo. Com o mercado de ações despencando, investe 5 bilhões de dólares na Goldman Sachs.

2010

WB, Bill Gates e o presidente do Facebook, Mark Zuckerberg, assinam o Compromisso de Doação, prometendo doar pelo menos metade de sua riqueza acumulada ao longo do tempo.

2011

Após WB afirmar que os impostos sobre os norte-americanos ricos são muito baixos, Barack Obama advoga a "Regra de Buffett", um plano fiscal que estabeleceria uma nova alíquota de imposto para os indivíduos que ganham mais de um milhão de dólares por ano.

2012

WB divulga que tem câncer de próstata no estágio um e se submeterá a tratamento de radiação.

Participações públicas da Berkshire Hathaway
4 de abril de 2012

Empresa	Valor da holding	Participação
The Coca-Cola Company (KO)	US$14,69 bilhões	8,8%
International Business Machines (IBM)	US$13,17 bilhões	5,4%
Wells Fargo (WFC)	US$12,99 bilhões	13%
American Express (AXP)	US$8,69 bilhões	2,8%
Proctor & Gamble	US$5,16 bilhões	2,8%
Kraft Foods	US$3,32 bilhões	4,9%
Wal-Mart Stores	US$2,36 bilhões	1,1%
ConocoPhillips	US$2,22 bilhões	2,3%
U.S. Bancorp	US$2,16 bilhões	2,3%
Johnson & Johnson	US$1,90 bilhão	1,1%
Moody's Corp	US$1,20 bilhão	12,8%
DIRECTV	US$995 milhões	2,9%
Washington Post Co.	US$645 milhões	22,4%
M&T Bank Corp	US$465 milhões	4,3%
Costco Wholesale Corp	US$386 milhões	1%
Visa Inc.	US$341 milhões	0,35%
Intel Corp.	US$321 milhões	0,23%
CVS Caremark	US$315 milhões	0,55%
USG Corp	US$283 milhões	16,2%
General Dynamics	US$281 milhões	1,1%

Linha do tempo

DaVita Inc.	US$233 milhões	2,9%
Dollar General	US$210 milhões	1,3%
Torchmark	US$208 milhões	4,2%
MasterCard Inc.	US$174 milhões	0,3%
Verisk Analytics	US$162 milhões	1,9%
General Electric	US$153 milhões	0,07%
Sanofi SA	US$153 milhões	0,15%
Liberty Media	US$149 milhões	1,4%
United Parcel Service	US$114 milhões	0,15%
GlaxoSmithKline	US$68 milhões	0,06%
Bank of New York Mellon	US$43 milhões	0,15%
Ingersoll Rand	US$26 milhões	0,2%
Gannett	US$26 milhões	0,73%

Fonte: CNBC, Warren Buffett Watch. www.cnbc.com/id/22130601/

WARREN BUFFETT EM 250 FRASES

Subsidiárias da Berkshire Hathaway

Seguros
 GEICO
 General Re
 Berkshire Hathaway Reinsurance Group
 Berkshire Hathaway Primary Group

Ferrovias
 Burlington Northern Santa Fe

Serviços e energia
 MidAmerican Energy Holdings

Manufaturas
 Marmon (indústria e serviços)
 McLane Company (gêneros alimentícios e distribui-
 ção de produtos)
 Acme Building Brands
 Benjamin Moore
 Johns Manville (materiais de construção)
 Shaw (materiais de construção)
 MiTek (materiais de construção)
 Fruit of the Loom
 Forest River (veículos de lazer)
 IMC Metalworking Companies
 Lubrizol (produtos químicos)

Serviços
 NetJets (jatos particulares)
 FlightSafety (treinamento para aviação)

Linha do tempo

Business Wire (notícias e meios de comunicação)
Pampered Chef (utensílios de cozinha)
Dairy Queen
Buffalo News
Omaha World-Herald

Varejo
Nebraska Furniture Mart
RC Willey (mobília doméstica)
Star Furniture
Jordan's Furniture
Borsheims (joias)
Helzberg (joias)
Ben Bridge (joias)
See's Candies

Finanças e Produtos Financeiros
Clayton Homes (casas pré-fabricadas e financiamentos)
XTRA (*leasing* de serviços de transporte)
CORT (*leasing* de móveis)

Fonte: relatório anual da Berkshire Hathaway de 2011

Referências

Introdução

John Dunn, "Georgia Tech Students Quiz Warren Buffett" [Alunos da Georgia Tech debatem com Warren Buffett], *Georgia Tech Alumni Magazine,* inverno de 2003. http://www.nxtbook.com/nxtbooks/gatech/alumni-winter03/index.php?startid=17

Capítulo 1: Investindo

Pesquisando investimentos

"How Omaha Beats Wall Street" [Como Omaha vence Wall Street], *Forbes,* 1º de novembro de 1969.

Limitando seus investimentos

"Three Lectures by Warren Buffett to Notre Dame Faculty, MBA Students and Undergraduate Students" [Três palestras proferidas por Warren Buffett para o corpo docente, para os alunos de MBA e para graduandos da University of Notre Dame], primavera de 1991. http://www.tilsonfunds.com/BuffettNotreDame.pdf

Investimentos e esportes

"Considero investimentos...", "The Money Men" [Os homens do dinheiro], *Forbes,* 1º de novembro de 1974.

"Ted Williams descreveu...", Lara Logan and Charlie Rose, "Person to Person: Warren Buffett" [Lara Logan e Charlie Rose, "Cara a cara com Warren Buffett"], CBS News, 8 de fevereiro de

WARREN BUFFETT EM 250 FRASES

2012. http://www.cbsnews.com/video/watch/?id=7398062n
"*O grau de dificuldade é importante...*", Becky Quick, "Buffett's
Worst Trade" [Pior negociação de Buffett], CNBC.
http://video.cnbc.com/gallery/?video=1618466375&play=1

Pensando em investimentos

"Warren Buffett MBA Talk: Warren Buffett Talk at University
of Florida" [Conversa entre Warren Buffett e os alunos de
MBA: Warren Buffett fala na University of Florida], Google
Video, 1:27:35, uma palestra gravada em 15 de outubro de 1998. http://video.google.com/videoplay?docid=-
6231308980849895261

O temperamento do investidor

Anthony Bianco, "The Warren Buffett You Don't Know"
[O Warren Buffett que você não conhece], *BusinessWeek,* 5
de julho de 1999. http://www.businessweek.com/1999/99
_27/b3636001.htm

Analisando dados financeiros

Carta aos acionistas da Berkshire Hathaway Inc., 27 de fevereiro de 2009. http://www.berkshirehathaway.com/letters/letters.
html

Capacidade comum, resultados extraordinários

Carol J. Loomis, "The Inside Story of Warren Buffett" [A história
secreta de Warren Buffett], *Fortune,* 11 de abril de 1988.
http://money.cnn.com/magazines/fortune/fortune_archive/
1988/04/11/70414/index.htm

A simplicidade do investimento

"*Desenhe um círculo...*", "The Money Men", *Forbes,* 1º de novembro de 1974.

Referências

"*Não sei de nada...*", "Three Lectures by Warren Buffett to Notre Dame Faculty, MBA Students and Undergraduate Students" , primavera de 1991.
http://www.tilsonfunds.com/BuffettNotreDame.pdf
"*Tenho esse...*", Alice Schroeder, *The Snowball: Warren Buffett and the Business of Life* [A bola de neve: Warren Buffett e o negócio da vida] (Nova York: Random House, 2008).

Vencendo o mercado

"*Não há nenhum pressentimento...*", "A Colloquium with University of Nebraska-Lincoln Students" [Um seminário com os alunos da University of Nebraska-Lincoln], 10 de outubro de 1994.
"*Como você faz para vencer...*", Anthony Bianco, "The Warren Buffett You Don't Know" [O Warren Buffett que você não conhece], *BusinessWeek,* 5 de julho de 1999. http://www.businessweek.com/1999/99_27/b3636001.htm
"*A maioria das pessoas não consegue...*", Guy Rolnick, "Warren Buffett: The U.S. Is Moving toward Plutocracy" [Warren Buffett: os Estados Unidos estão caminhando para virar uma plutocracia], *Haaretz,* 23 de março de 2011. http://www.haaretz.com/misc/article-print-page/warren-buffett-the-u-s-is-moving-toward-plutocracy-1.351236

A vantagem de ter menos dinheiro

Anthony Bianco, "The Warren Buffett You Don't Know" [O Warren Buffett que você não conhece], *BusinessWeek,* 5 de julho de 1999. http://www.businessweek.com/1999/99_27/b3636001.htm

Cota de ideias

"*Minha cota de ideias...*", "How Omaha Beats Wall Street" [Como Omaha vence Wall Street], *Forbes,* 1º de novembro de 1969.
"*Quando comecei...*", "The Money Men" [Os homens de dinheiro], *Forbes,* 1º de novembro de 1974.

WARREN BUFFETT EM 250 FRASES

Investimento de longo prazo

"*Acredito em possuir...*", "CNBC's Squawk Box: Interview with Warren Buffett" [Squawk Box, na CNBC: entrevista com Warren Buffett], CNBC, 14 de novembro de 2011. http://www.cnbc.com/id/45346040

"*O futuro nunca é...*", "You Pay a Very High Price in the Stock Market for a Cheery Consensus" [Paga-se um preço muito alto no mercado de ações por um consenso cordial], *Forbes*, 6 de agosto de 1979. http://www.forbes.com/2008/11/08/buffett-forbes-article-markets-cx_pm-1107stocks.html

"*Não havemos de querer...*", "A Colloquium with University of Nebraska-Lincoln Students", 10 de outubro de 1994.

Especulação *versus* investimento

"CNBC's Squawk Box: Interview with Warren Buffett", CNBC, 2 de março de 2011. http://www.cnbc.com/id/41889991

Reagindo à incerteza

"CNBC's Squawk Box: Interview with Warren Buffett", CNBC, 14 de novembro de 2011. http://www.cnbc.com/id/45346040

Diversificação

"*Se o seu objetivo...*", "Warren Buffett MBA Talk: Warren Buffett Talk at University of Florida" [Conversa entre Warren Buffett e alunos de MBA: Warren Buffett fala na University of Florida], Google Video, 1:27:35, uma palestra gravada em 15 de outubro de 1998. http://video.google.com/videoplay?docid=-6231308980849895261

"*Se você de fato conhece...*", "Warren Buffett MBA Talk: Warren Buffett Talk at University of Florida", Google Video, 1:27:35, uma palestra gravada em 15 de outubro de 1998. http://video.google.com/videoplay?docid=-6231308980849895261

Referências

Negociação ativa

"*Qualquer coisa que faça as pessoas...*", "CNBC's Squawk Box: Interview with Warren Buffett", CNBC, 14 de novembro de 2011. http://www.cnbc.com/id/45346040
"*Wall Street lucra com a atividade...*", "Warren Buffett MBA Talk: Warren Buffett Talk at University of Florida", Google Video, 1:27:35, uma palestra gravada em 15 de outubro de 1998. http://video.google.com/videoplay?docid=-6231308980849895261
"*Se você fosse proprietário de uma fazenda...*", "CNBC's Squawk Box: Interview with Warren Buffett", CNBC, 14 de novembro de 2011. http://www.cnbc.com/id/45346040
"*Como classe...*", carta aos acionistas da Berkshire Hathaway Inc., fevereiro de 2008. http://www.berkshirehathaway.com/letters/letters.html

Investimentos e as Leis do movimento

Carta aos acionistas da Berkshire Hathaway Inc., 28 de fevereiro de 2006. http://www.berkshirehathaway.com/letters/letters.html

Primeira ação de Buffett

John Dunn, "Georgia Tech Students Quiz Warren Buffett", *Georgia Tech Alumni Magazine,* inverno de 2003. http://www.nxtbook.com/nxtbooks/gatech/alumni-winter03/index.php?startid=17

Ambição, medo e compras

Warren Buffett, "Buy American. I am", [Comprem, americanos. Eu estou comprando], *New York Times,* 16 de outubro de 2008. http://www.nytimes.com/2008/10/17/opinion/17buffett.html

WARREN BUFFETT EM 250 FRASES

Quando comprar

"*Tento comprar...*" "How Omaha Beats Wall Street", [Como Omaha vence Wall Street], *Forbes,* 1º de novembro de 1969. "*Se você fosse...*", "How Omaha Beats Wall Street", [Como Omaha vence Wall Street], *Forbes,* 1º de novembro de 1969.

Comprando hoje

"Warren Buffett and Bill Gates: Keeping America Great", [Warren Buffett e Bill Gates: mantendo a grandeza dos Estados Unidos], transcrição de um encontro organizado pela CNBC na Columbia University, 12 de novembro de 2009. http://www.cnbc.com/id/33901003

Comportamento de mercado insensato

Benjamin Graham, *O investidor inteligente: o livro definitivo sobre investimento de valor,* Prefácio e apêndice por Warren Buffett (Rio de Janeiro: Nova Fronteira, 2007.).

Comprando empresas em dificuldade

Anthony Bianco, "The Warren Buffett You Don't Know", [O Warren Buffett que você não conhece], *BusinessWeek,* 5 de julho de 1999. http://www.businessweek.com/1999/99_27/b3636001.htm

Comprando em momentos difíceis

"Three Lectures by Warren Buffett to Notre Dame Faculty, MBA Students and Undergraduate Students", primavera de 1991. http://www.tilsonfunds.com/BuffettNotreDame.pdf

Avaliando ações

"*Se você acha...*", John Dunn, "Georgia Tech Students Quiz Warren Buffett", *Georgia Tech Alumni Magazine,* inverno de 2003. http://www.nxtbook.com/nxtbooks/gatech/alumni-winter03/index.php?startid=17

Referências

"Sejam meias ou ações...", carta aos acionistas da Berkshire Hathaway Inc., 27 de fevereiro de 2009. http://www.berkshirehathaway.com/letters/letters.html

A pergunta mais importante

"Warren Buffett MBA Talk: Warren Buffett Talk at University of Florida", Google Video, 1:27:35, de um discurso gravado em 15 de outubro de 1998. http://video.google.com/videoplay?docid=-6231308980849895261

Um pássaro na mão

Alice Schroeder, *The Snowball: Warren Buffett and the Business of Life* [The Snowball: Warren Buffett e o negócio da vida] (Nova York: Random House, 2008).

Quando não comprar

"Three Lectures by Warren Buffett to Notre Dame Faculty, MBA Students and Undergraduate Students", primavera de 1991. http://www.tilsonfunds.com/BuffettNotreDame.pdf

Posto de gasolina de Buffett

"Warren Buffett MBA Talk: Warren Buffett Talk at University of Florida", Google Video, 1:27:35, de uma palestra gravada em 15 de outubro de 1998. http://video.google.com/videoplay?docid=-6231308980849895261

Quando pular do barco

Warren Buffett, *Ensaios de Warren Buffett: Lessons for Corporate America* [Os escritos de Warren Buffet: lições para a América corporativa], selecionados, organizados e apresentados por Lawrence A. Cunningham (Durham, NC: Carolina Academic Press, 1997).

WARREN BUFFETT EM 250 FRASES

O nascimento de Buffett e o mercado

Charlie Rose, "Warren Buffett, Investor, Philanthropist" [Warren Buffett, investidor, filantropo], *Charlie Rose*, 30 de setembro de 2011. http://www .charlierose.com/view/interview/11919

Hiperventilando com o Dow

Carta aos acionistas da Berkshire Hathaway Inc., fevereiro de 2008. http://www.berkshirehathaway.com/letters/letters.html

O mercado é uma máquina de votar

"The Money Men" [Os homens de dinheiro], *Forbes*, 1º de novembro de 1974.

Dividindo ações

John Dunn, "Georgia Tech Students Quiz Warren Buffett", *Georgia Tech Alumni Magazine*, inverno de 2003. http://www.nxtbook.com/nxtbooks/gatech/alumni-winter03/index.php?startid=17

Incerteza

"CNBC's Squawk Box: Interview with Warren Buffett", CNBC, 14 de novembro de 2011. http://www.cnbc.com/id/45346040

Títulos

"CNBC's Squawk Box: Interview with Warren Buffett", CNBC, 2 de março de 2011. http://www.cnbc.com/id/41889991

Bens primários

"CNBC's Squawk Box: Interview with Warren Buffett", CNBC, 2 de março de 2011. http://www.cnbc.com/id/41889991

Referências

Ouro

"*O ouro é uma forma de...*", "CNBC's Squawk Box: Interview with Warren Buffett", CNBC, 2 de março de 2011. http://www.cnbc.com/id/41889991

"*Você poderia pegar...*", Ben Stein, "Warren Buffett: Forget gold, buy stocks" [Warren Buffett: esqueça o ouro, compre ações], CNN, *19 de outubro de 2010.* http://money.cnn.com/2010/10/18/pf/investing/buffett_ben_stein.fortune/index.html

O valor do dinheiro

"CNBC's Squawk Box: Interview with Warren Buffett", CNBC, 2 de maio de 2011. http://www.cnbc.com/id/42859828

Apego ao dinheiro

Warren Buffett, "Buy American. I am" [Comprem, americanos. Eu estou comprando], *New York Times*, 16 de outubro de 2008. http://www.nytimes.com/2008/10/17/opinion/17buffett.html

Capítulo 2: Wall Street e a especulação

O valor de Wall Street

Comentários para a Financial Crisis Inquiry Commission, 26 de maio de 2010. http://www.scribd.com/doc/50676366/Transcript-of-Warren-Buffett-Interview-With-FCIC

Investidores no País das Maravilhas

Carta aos acionistas da Berkshire Hathaway Inc., fevereiro de 2008. http://www.berkshirehathaway.com/letters/letters.html

Permanecendo sóbrio no mercado

"The Money Men", *Forbes,* 1º de novembro de 1974.

WARREN BUFFETT EM 250 FRASES

Ideias ruins em Wall Street
"Three Lectures by Warren Buffett to Notre Dame Faculty, MBA Students and Undergraduate Students", primavera de 1991. http://www.tilsonfunds.com/BuffettNotreDame.pdf.

Terminologia ruim
Carta aos acionistas da Berkshire Hathaway Inc., 28 de fevereiro de 2002. http://www.berkshirehathaway.com/letters/letters.html

A sedução da especulação
"CNBC's Squawk Box: Interview with Warren Buffett", CNBC, 2 de maio de 2011. http://www.cnbc.com/id/42859828

Lucrando com bolhas
"CNBC's Squawk Box: Interview with Warren Buffett", CNBC, 2 de maio de 2011. http://www.cnbc.com/id/42859828

Pressão dos colegas e a causa das bolhas
Comentários para a Financial Crisis Inquiry Commission, 26 de maio de 2010. http://www.scribd.com/doc/50676366/Transcript-of-Warren-Buffett-Interview-With-FCIC

Mais uma bolha
Carta aos acionistas da Berkshire Hathaway Inc., fevereiro de 2008. http://www.berkshirehathaway.com/letters/letters.html

Quando as bolhas estouram
Guy Rolnick, "Warren Buffett: The U.S. Is Moving toward Plutocracy", *Haaretz,* 23 de março de 2011. http://www.haaretz.com/misc/article-print-page/warren-buffett-the-u-s-is-moving-toward-plutocracy-1.351236

Referências

Dinheiro fácil

Comentários para a Financial Crisis 1nquiry Commission, 26 de maio de 2010. http://www.scribd.com/doc/50676366/Transcript-of-Warren-Buffett-Interview-With-FCIC

Alavancagem excessiva

Guy Rolnick, "Warren Buffett: The U.S. Is Moving toward Plutocracy", *Haaretz*, 23 de março de 2011. http://www.haaretz.com/misc/article-print-page/warren-buffett-the-u-s-is-moving-toward-plutocracy-1.351236

Alavancagem viciante

Carta aos acionistas da Berkshire Hathaway Inc., 26 de fevereiro de 2011. http://www.berkshirehathaway.com/letters/letters.html

O perigo da alavancagem

"Three Lectures by Warren Buffett to Notre Dame Faculty, MBA Students and Undergraduate Students", primavera de 1991. http://www.tilsonfunds.com/BuffettNotreDame.pdf

Pessoas inteligentes e a alavancagem

Comentários para a Financial Crisis Inquiry Commission, 26 de maio de 2010. http://www.scribd.com/doc/50676366/Transcript-of-Warren-Buffett-Interview-With-FCIC

Derivativos

Carta aos acionistas da Berkshire Hathaway Inc., 28 de fevereiro de 2006. http://www.berkshirehathaway.com/letters/letters.html

WARREN BUFFETT EM 250 FRASES

Swaps de crédito

"CNBC's Squawk Box: Interview with Warren Buffett", CNBC, 14 de novembro de 2011. http://www.cnbc.com/id/45346040

Capítulo 3: Empresas

Conhecendo seus limites

Carta aos acionistas da Berkshire Hathaway Inc., 1º de março de 2000. http://www.berkshirehathaway.com/letters/letters.html

Avaliando o poder

Comentários para a Financial Crisis Inquiry Commission, 26 de maio de 2010. http://www.scribd.com/doc/50676366/Transcript-of-Warren-Buffett-Interview-With-FCIC

Fossos empresariais

Carta aos acionistas da Berkshire Hathaway Inc., fevereiro de 2008. http://www.berkshirehathaway.com/letters/letters.html

Entendendo um negócio

"*Não fazemos diligência...*", Anthony Bianco, "The Warren Buffett You Don't Know", *BusinessWeek,* 5 de julho de 1999. http://www.businessweek.com/1999/99_27/b3636001.htm
"*Meu trabalho é...*", "Three Lectures by Warren Buffett to Notre Dame Faculty, MBA Students and Undergraduate Students" [Três palestras proferidas por Warren Buffett para o corpo docente, para os alunos de MBA e para graduandos da University of Norte Dame] primavera de 1991. http://www.tilsonfunds.com/BuffettNotreDame.pdf

Negócios de primeira linha

"*Uma coisa interessante...*", "Three Lectures by Warren Buffett to Notre Dame Faculty, MBA Students and Undergraduate

Referências

Students", primavera de 1991. http://www.tilsonfunds.com/BuffettNotreDame.pdf

"*O nome...* ", "How Omaha Beats Wall Street" [Como Omaha venceu Wall Street], *Forbes,* 1º de novembro de 1969.

Empresas dependentes de capital

"Three Lectures by Warren Buffett to Notre Dame Faculty, MBA Students and Undergraduate Students", primavera de 1991. http://www.tilsonfunds.com/BuffettNotreDame.pdf

Encontrando excelentes negócios

"Warren Buffett and Bill Gates: Keeping America Great" [Warren Buffett e Bill Gates: mantendo a grandeza dos Estados Unidos], transcrição de um encontro organizado pela CNBC na Columbia University, 12 de novembro de 2009. http://www.cnbc.com/id/33901003

Jornais

Jonathan Laing, "The Collector" [O colecionador], *Wall Street Journal,* 31 de março de 1977.

A abordagem da fofoca

"Warren Buffett MBA Talk: Warren Buffett Talk at University of Florida" [Conversa entre Warren Buffett e alunos de MBA: Warren Buffett fala na University of Florida], Google Video, 1:27:35, de uma palestra gravada em 15 de outubro de 1998. http://vídeo.google.com/vídeoplay?docid=-6231308980849895261

Não converse com corretores

"Three Lectures by Warren Buffett to Notre Dame Faculty, MBA Students and Undergraduate Students", primavera de 1991. http://www.tilsonfunds.com/BuffettNotreDame.pdf.

WARREN BUFFETT EM 250 FRASES

Saber o que você sabe

Guy Rolnick, "Warren Buffett: The U.S. Is Moving toward Plutocracy", *Haaretz,* 23 de março de 2011. http://www.haaretz.com/misc/article-print-page/warren-buffett-the-u-s-is-moving-toward-plutocracy-1.351236

Crescimento *versus* lucros

Carta aos acionistas da Berkshire Hathaway Inc., 26 de fevereiro de 2010. http://www.berkshirehathaway.com/letters/letters.html

Comprando empresas versus ações

Carta aos acionistas da Berkshire Hathaway Inc., fevereiro de 2008. http://www.berkshirehathaway.com/letters/letters.html

Procurando "elefantes"

Anthony Bianco, "The Warren Buffett You Don't Know" [O Warren Buffett que você não conhece], *BusinessWeek,* 5 de julho de 1999. http://www.businessweek.com/1999/99_27/b3636001.htm

See's Candy

"Warren Buffett MBA Talk: Warren Buffett Talk at University of Florida", Google Video, 1:27:35, de uma palestra gravada em 15 de outubro de 1998. http://video.google.com/videoplay?docid=-6231308980849895261

Coca-Cola e felicidade

"Warren Buffett MBA Talk: Warren Buffett Talk at University of Florida", Google Video, 1:27:35, uma palestra gravada em 15 de outubro de 1998. http://video.google.com/videoplay?docid=-6231308980849895261

Referências

O gosto dos refrigerantes tipo cola

"Warren Buffett MBA Talk: Warren Buffett Talk at University of Florida", Google Video, 1:27:35, de uma palestra gravada em 15 de outubro de 1998. http://video.google.com/videoplay?docid=-6231308980849895261

Hershey's

"Three Lectures by Warren Buffett to Notre Dame Faculty, MBA Students and Undergraduate Students" http://www.tilsonfunds.com/BuffettNotreDame.pdf

Gillette

"A Colloquium with University of Nebraska-Lincoln Students", 10 de outubro de 1994.

O Daily Racing Form

"Three Lectures by Warren Buffett to Notre Dame Faculty, MBA Students and Undergraduate Students" http://www.tilsonfunds.com/BuffettNotreDame.pdf.

Walt Disney Company

"*Veja bem...*", "How Omaha Beats Wall Street", *Forbes,* 1º de novembro de 1969.
"*Compramos 5%...*", "Three Lectures by Warren Buffett to Notre Dame Faculty, MBA Students and Undergraduate Students", primavera de 1991. http://www.tilsonfunds.com/BuffettNotreDame.pdf

Lucrando com a internet

Anthony Bianco, "The Warren Buffett You Don't Know", *BusinessWeek,* 5 de julho de 1999. http://www.businessweek.com/1999/99_27/b3636001.htm

WARREN BUFFETT EM 250 FRASES

A publicidade exagerada das empresas de internet

Comentários para a Financial Crisis Inquiry Commission, 26 de maio de 2010. http://www.scribd.com/doc/50676366/Transcript-of-Warren-Buffett-Interview-With-FCIC

Têxteis

"Nossa empresa de têxteis...", "Three Lectures by Warren Buffett to Notre Dame Faculty, MBA Students and Undergraduate Students" , primavera de 1991. http://www.tilsonfunds.com/BuffettNotreDame.pdf

Ética corporativa

Carta aos acionistas da Berkshire Hathaway Inc., 21 de fevereiro de 2003. http://www.berkshirehathaway.com/letters/letters.html

Empresas expostas

Carta aos acionistas da Berkshire Hathaway Inc., fevereiro de 2008. http://www.berkshirehathaway.com/letters/letters.html

Riscos e a natureza humana

"CNBC's Squawk Box: Interview with Warren Buffett", CNBC, 14 de novembro de 2011. http://www.cnbc.com/id/45346040

A estrada principal na América empresarial

Carta aos acionistas da Berkshire Hathaway Inc., fevereiro de 2008. http://www.berkshirehathaway.com/letters/letters.html

Lucros inflacionados

Warren Buffett, "Who Really Cooks the Books?" [Quem de fato manipula os números?], *New York Times,* 24 de julho de 2002. http://www.nytimes.com/2002/07/24/opinion/who-really-cooks-the-books.html

Referências

Roupa suja empresarial

John Dunn, "Georgia Tech Students Quiz Warren Buffett", *Georgia Tech Alumni Magazine,* inverno de 2003. http://www.nxtbook.com/nxtbooks/gatech/alumni-winter03/index.php?startid=17

Avaliação contábil das opções de ações

Carta aos acionistas da Berkshire Hathaway Inc., 1º de março de 1999. http://www.berkshirehathaway.com/letters/letters.html

Ética do CEO

Carta aos acionistas da Berkshire Hathaway Inc., 21 de fevereiro de 2003. http://www.berkshirehathaway.com/letters/letters.html

Capítulo 4: Berkshire Hathaway

Uma boa decisão

Lara Logan e Charlie Rose, "Person to Person: Warren Buffett", CBS News, 8 de fevereiro de 2012. http://www.cbsnews.com/video/watchl?id=7398062

A importância de uma boa decisão

Comentários para a Financial Crisis Inquiry Commission, 26 de maio de 2010. http://www.scribd.com/doc/50676366/Transcript-of-Warren-Buffett-Interview-With-FCIC

Mais dinheiro do que ideias

Anthony Bianco, "The Warren Buffett You Don't Know", *BusinessWeek,* 5 de julho de 1999. http://www.businessweek.com/1999/99_27/b3636001.htm

WARREN BUFFETT EM 250 FRASES

Cometendo erros

"*Erros não me incomodam...*", Guy Rolnick, "Warren Buffett: The U.S. Is Moving toward Plutocracy", *Haaretz,* 21 de março de 2011. http://www.haaretz.com/misc/article-print-page/warren-buffett-the-u-s-is-moving-toward-plutocracy-1.351236
"*Eu cometerei mais erros...*", carta aos acionistas da Berkshire Hathaway Inc., fevereiro de 2008. http://www.berkshirehathaway.com/letters/letters.html

Nunca olhar para trás

"Warren Buffett MBA Talk: Warren Buffett Talk at University of Florida", Google Video, 1:27:35, uma palestra gravada em 15 de outubro de 1998. http://video.google.com/videoplay?docid=-6231308980849895261

Erros de omissão

John Dunn, "Georgia Tech Students Quiz Warren Buffett", *Georgia Tech Alumni Magazine,* inverno de 2003. http://www.nxtbook.com/nxtbooks/gatech/alumni-winter03/index.php?startid=17

Ganhando dinheiro juntos

Warren Buffett, *Os ensaios de Warren Buffett: Lições para investidores e administradores*, selecionados, organizados e apresentados por Lawrence A. Cunningham (Rui Tabakov Sena Rebouças, 2005).

Estruturando negócios

Guy Rolnick, "Warren Buffett: The U.S. Is Moving toward Plutocracy" [Warren Buffett: os Estados Unidos estão caminhando para virar uma plutocracia], *Haaretz,* 23 de março de 2011. http://www.haaretz.com/misc/article-print-page/warren-buffett-the-u-s-is-moving-toward-plutocracy-1.351236

Referências

Supervisionando os negócios da Berkshire
Carta aos acionistas da Berkshire Hathaway Inc., 26 de fevereiro de 2010. http://www.berkshirehathaway.com/letters/letters.html

Mantendo-se nos negócios
Anthony Bianco, "The Warren Buffett You Don't Know", *BusinessWeek,* 5 de julho de 1999. http://www.businessweek.com/1999/99_27/b3636001.htm

Vendendo empresas abaixo da média
Warren Buffett, *Ensaios de Warren Buffett: Lições para administradores e investidores.*

Nenhuma estratégia de saída
Carta aos acionistas da Berkshire Hathaway Inc., 21 de fevereiro de 2003. http://www.berkshirehathaway.com/letters/letters.html

Congregação da Berkshire
"Warren Buffett MBA Talk: Warren Buffett Talk at University of Florida", Google Video, 1:27:35, de uma palestra gravada em 15 de outubro de 1998. http://video.google.com/videoplay?docid=-6231308980849895261

Pagando os diretores da Berkshire
Carta aos acionistas da Berkshire Hathaway Inc., 21 de fevereiro de 2003. http://www.berkshirehathaway.com/letters/letters.html

Falha institucional e remuneração dos CEOs
Comentários para a Financial Crisis Inquiry Commission, 26 de maio de 2010. http://www.scribd.com/doc/50676366/Transcript-of-Warren-Buffett-Interview-With-FCIC

WARREN BUFFETT EM 250 FRASES

Inflando os CEOs

Comentários para a Financial Crisis Inquiry Commission, 26 de maio de 2010. http://www.scribd.com/doc/50676366/Transcript-of-Warren-Buffett-Interview-With-FCIC

As qualidades de um bom CEO

Carta aos acionistas da Berkshire Hathaway Inc., 21 de fevereiro de 2003. http://www.berkshirehathaway.com/letters/letters.html

Como não escolher diretores

Carta aos acionistas da Berkshire Hathaway Inc., 28 de fevereiro de 2007. http://www.berkshirehathaway.com/letters/letters.html

Pagando demais por CEOs

Carta aos acionistas da Berkshire Hathaway Inc., 28 de fevereiro de 2006. http://www.berkshirehathaway.com/letters/letters.html

Pagando pelo desempenho do CEO

Comentários para a Financial Crisis Inquiry Commission, 26 de maio de 2010. http://www.scribd.com/doc/50676366/Transcript-of-Warren-Buffett-Interview-With-FCIC

Substituindo CEOs

Carta aos acionistas da Berkshire Hathaway Inc., 21 de fevereiro de 2003. http://www.berkshirehathaway.com/letters/letters.html

CEOs e reforço negativo

"Warren Buffett and Bill Gates: Keeping America Great", transcrição de um encontro organizado pela CNBC na Columbia

Referências

University, 12 de novembro de 2009. http://www.cnbc.com/id/33901003

Mordomias dos CEOs

"*Você já leu...*", carta aos acionistas da Berkshire Hathaway Inc., 28 de fevereiro de 2007. http://www.berkshirehathaway.com/letters/letters.html

"*Pagamentos de rescisão imensos...*", carta as acionistas da Berkshire Hathaway Inc., 28 de fevereiro de 2006. http://www.berkshirehathaway.com/letters/letters.html

Gerentes pensando como proprietários

"*Gosto de caras que...*", Jonathan Laing, "The Collector" [O colecionador], *Wall Street Journal,* 31 de março de 1977.

"*Temos um negócio...*", "Three Lectures by Warren Buffett to Notre Dame Faculty, MBA Students and Undergraduate Students" , primavera de 1991. http://www.tilsonfunds.com/BuffettNotreDame.pdf

Gerentes da Berkshire

Carta aos acionistas da Berkshire Hathaway Inc., 21 de fevereiro de 2003. http://www.berkshirehathaway.com/letters/letters.html

Gerenciando campeões

Carta aos acionistas da Berkshire Hathaway Inc., 21 de fevereiro de 2003. http://www.berkshirehathaway.com/letters/letters.html

Usando pessoas inteligentes

Shereen Bhan, "Warren Buffett: I Don't Have to Be Smart about Everything" [Warren Buffett: eu não tenho de ser inteligente com relação a tudo], *Forbes India,* 20 de abril de 2011. http://forbesindia.com/printcontent/24142?id=24142

WARREN BUFFETT EM 250 FRASES

Atenção aos custos
Carta aos acionistas da Berkshire Hathaway Inc., 21 de fevereiro de 2003. http://www.berkshirehathaway.com/letters/letters.html

Cortando custos
Carol J. Loomis, "The Inside Story of Warren Buffett", *Fortune*, 11 de abril de 1988. http://money.cnn.com/magazines/fortune/fortune_archive/1988/04/11/70414/index.htm

Gerenciando trabalhadores
Warren Buffett, *Ensaios de Warren Buffett: Lições para investidores e administradores*.

Deixando os gerentes gerenciarem
"*Geralmente, os gerentes...*", Warren Buffett, *Ensaios de Warren Buffett: Lições para investidores e administradores*.
"*Existem muitos...*", carta aos acionistas da Berkshire Hathaway Inc., 28 de fevereiro de 2007. http://www.berkshirehathaway.com/letters/letters.html

A reputação dos gerentes
Becky Quick, "Buffett's Worst Trade" [A pior negociação de Buffett], CNBC. http://video.cnbc.com/gallery/?video=1618466375&play=1

Jay-Z, homem de negócios
Evelyn M. Rusli, "Buffett Returns to Cartoonland, Joined by Jay-Z" [Buffett retorna ao mundo dos desenhos animados junto com Jay-Z], *New York Times*, 18 de outubro de 2011. http://dealbook.nytimes.com/2011/10/18/buffett-returns-to-cartoonland-joined-by-jay-z/

Referências

Contratando

"*Não contratamos...*", Ben Stein, "Warren Buffett: Forget Gold, Buy Stocks", *CNN,* 19 de outubro de 2010. http://money.cnn.com/2010/10/18/pf/investing/buffett_ben_stein.fortune/index.htm

Gostar de trabalhar

"A Colloquium with University of Nebraska-Lincoln Students", 10 de outubro de 1994.

Capítulo 5: Diretrizes e políticas dos Estados Unidos
Apostando nos Estados Unidos

"CNBC's Squawk Box: Interview with Warren Buffett", CNBC, 2 de maio de 2011. http://www.cnbc.com/id/42859828

Recuperação econômica

"*Acredito que o maior fator...*", "CNBC's Squawk Box: Interview with Warren Buffett", CNBC, 2 de maio de 2011. http://www.cnbc.com/id/42859828
"*A GEICO enfrentou problemas...*", Charlie Rose, "Warren Buffett, Investor, Philanthropist" [Warren Buffett, investidor, filantropo], *Charlie Rose,* 30 de setembro de 2011. http://www.charlierose.com/view/interview/11919

Os Estados Unidos desde 1930

"*Nasci em agosto de 1930...*", "CNBC's Squawk Box: Interview with Warren Buffett", CNBC, 7 de julho de 2011. http://www.cnbc.com/id/43671706
"*Tenho 80 anos...*", Guy Rolnick, "Warren Buffett: The U.S. Is Moving toward Plutocracy", *Haaretz,* 23 de março de 2011. http://www.haaretz.com/misc/article-print-page/warren-buffett-the-u-s-is-moving-toward-plutocracy-1.351236

WARREN BUFFETT EM 250 FRASES

Os Estados Unidos resolvem problemas

"Warren Buffett and Bill Gates: Keeping America Great", transcrição de um encontro organizado pela CNBC na Columbia University, 12 de novembro de 2009. http://www.cnbc.com/id/33901003

Previsões econômicas

"Não leio previsões econômicas...", Anthony Bianco, "The Warren Buffett You Don't Know" [O Warren Buffett que você não conhece], *BusinessWeek,* 5 de julho de 1999. http://www.businessweek.com/1999/99_27/b3636001.htm
"Nunca compramos...", "Warren Buffett MBA Talk: Warren Buffett Talk at University of Florida", Google Video, 1:27:35, de uma palestra gravada em 15 de outubro de 1998. http://video.google.com/videoplay?docid=-6231308980849895261

Comércio global

Shereen Bhan, "Warren Buffett: I Don't Have to Be Smart about Everything", *Forbes India,* 20 de abril de 2011. http://forbesindia.com/printcontent/24142?id=24142

Criando empregos

"CNBC's Squawk Box: Interview with Warren Buffett", CNBC, 14 de novembro de 2011. http://www.cnbc.com/id/45346040

Inflação

"A inflação, alguém ...", Shereen Bhan, "Warren Buffett: I Don't Have to Be Smart about Everything", *Forbes India,* 20 de abril de 2011. http://forbesindia.com/printcontent/24142?id=24142
"Toda vez que fico preocupado...", Guy Rolnick, "Warren Buffett: The U.S. Is Moving toward Plutocracy", *Haaretz,* 23 de março de 2011. http://www.haaretz.com/misc/article-

Referências

print-page/warren-buffett-the-u-s-is-moving-toward-plutocra-cy-1.351236

A crise financeira de 2008

"*As pessoas estavam...*", comentários para a Financial Crisis Inquiry Commission, 26 de maio de 2010. http://www.scribd.com/doc/50676366/Transcript-of-Warren-Buffett-Interview-With-FCIC

"*Os americanos...*", Guy Rolnick, "Warren Buffett: The U.S. Is Moving toward Plutocracy", *Haaretz,* 23 de março de 2011. http://www.haaretz.com/misc/article-print-page/warren-buf-fett-the-u-s-is-moving-toward-plutocracy-1.351236

"*Setembro de 2008...*", comentários para a Financial Crisis Inquiry Commission, 26 de maio de 2010. http://www.scribd.com/doc/50676366/Transcript-of-Warren-Buffett-Interview-With-FCIC

Intervenção governamental na crise financeira

"*Quaisquer que possam ser os lados negativos...*", comen-tários para a Financial Crisis Inquiry Commission, 26 de maio de 2010. http://www.scribd.com/doc/50676366/Transcript-of-Warren-Buffett-Interview-With-FCIC

"*Só o governo...*", "Warren Buffett and Bill Gates: Keeping America Great", transcrição de um encontro organizado pela CNBC na Columbia University, 12 de novembro de 2009. http://www.cnbc.com/id/33901003

"*Deveríamos agradecer a Bernanke...*", "CNBC's Squawk Box: Interview with Warren Buffett", CNBC, 14 de novembro de 2011. http://www.cnbc.com/id/45346040

Bank of America e a crise financeira

Comentários para a Financial Crisis Inquiry Commission, 26 de maio de 2010. http://www.scribd.com/doc/50676366/Transcript-of-Warren-Buffett-Interview-With-FCIC

WARREN BUFFETT EM 250 FRASES

Oportunidades durante a crise financeira

"Warren Buffett and Bill Gates: Keeping America Great", transcrição de um encontro organizado pela CNBC na Columbia University, 12 de novembro de 2009. http://www.cnbc.com/id/33901003

A importância do crédito

Carta aos acionistas da Berkshire Hathaway Inc., 26 de fevereiro de 2011. http://www.berkshirehathaway.com/letters/letters.html

Fraude no sistema financeiro

Comentários para a Financial Crisis Inquiry Commission, 26 de maio de 2010. http://www.scribd.com/doc/50676366/Transcript-of-Warren-Buffett-Interview-With-FCIC

Emprestando após a crise financeira

Charlie Rose, "Warren Buffett, Investor, Philanthropist" [Warren Buffett, investidor, filantropo] *Charlie Rose,* 30 de setembro de 2011. http://www.charlierose.com/view/interview/11919

O orçamento dos Estados Unidos e os déficits comerciais

"CNBC's Squawk Box: Interview with Warren Buffett", CNBC, 14 de novembro de 2011. http://www.cnbc.com/id/45346040

O plano Simpson-Bowles

"CNBC's Squawk Box: Interview with Warren Buffett", CNBC 14 de novembro de 2011. http://www.cnbc.com/id/45346040

Dívida do governo

"Three Lectures by Warren Buffett to Notre Dame Faculty, MBA Students and Undergraduate Students", primavera de 1991. http://www.tilsonfunds.com/BuffettNotreDame.pdf

Referências

Aumentando o teto da dívida

"CNBC's Squawk Box: Interview with Warren Buffett", CNBC, 7 de julho de 2011. http://www.cnbc.com/id/43671706

Democracia nos Estados Unidos

Guy Rolnick, "Warren Buffett: The U.S. Is Moving toward Plutocracy", *Haaretz,* 23 de março de 2011. http://www.haaretz.com/misc/article-print-page/warren-buffett-the-u-s-is-moving-toward-plutocracy-1.351236

A morte de Osama Bin Laden

"CNBC's Squawk Box: Interview with Warren Buffett", CNBC, 2 de maio de 2011. http://www.cnbc.com/id/42859828

11 de setembro de 2001

"Eu realmente pensei...", "CNBC's Squawk Box: Interview with Warren Buffett", CNBC, 2 de maio de 2011. http://www.cnbc.com/id/42859828
"Por que, você poderia perguntar...", carta aos acionistas da Berkshire Hathaway Inc., 28 de fevereiro de 2002. http://www.berkshirehathaway.com/letters/letters.html

China

"CNBC's Squawk Box: Interview with Warren Buffett", CNBC, 14 de novembro de 2011. http://www.cnbc.com/id/45346040

A crise do euro

Charlie Rose, "Warren Buffett, Investor, Philanthropist", *Charlie Rose,* 30 de setembro de 2011. http://www.charlierose.com/view/interview/11919

Barack Obama

Charlie Rose, "Warren Buffett, Investor, Philanthropist", *Charlie Rase,* 30 de setembro de 2011. http://www.charlierose.com/view/interview/11919

WARREN BUFFETT EM 250 FRASES

Capítulo 6: Riqueza e impostos

Bens

Lara Logan and Charlie Rose, "Person to Person: Warren Buffett", CBS News, 8 de fevereiro de 2012. http://www.cbsnews.com/video/watch/?id=7398062n

Poder amplificador do dinheiro

John Dunn, "Georgia Tech Students Quiz Warren Buffett", *Georgia Tech Alumni Magazine*, inverno de 2003. http://www.nxtbook.com/nxtbooks/gatech/alumni-winter03/index.php?startid=17

Riqueza e satisfação

"CNBC's Squawk Box: Interview with Warren Buffett", CNBC, 14 de novembro de 2011. http://www.cnbc.com/id/45346040

Dividindo o bolo econômico

Guy Rolnick, "Warren Buffett: The U.S. Is Moving toward Plutocracy", *Haaretz,* 23 de março de 2011. http://www.haaretz.com/misc/article-print-page/warren-buffett-the-u-s-is-moving-toward-plutocracy-1.351236

A maré crescente de riqueza

Lara Logan and Charlie Rose, "Person to Person: Warren Buffett", CBS News, 8 de fevereiro de 2012. http://www.cbsnews.com/video/watch/?id=7398062n

A fonte da riqueza de Buffett

"*Minha riqueza veio...*", Warren Buffett, The Giving Pledge. http://givingpledge.org/#warren_buffett

"*Quando me casei ...*", Carol J. Loomis, "A Conversation with Warren Buffett", *Fortune,* 25 de junho de 2006. http://money.cnn.com/2006/06/25/magazines/fortune/charity2.fortune/

Referências

Herança

"*Uma pessoa muito rica...*", Carol J. Loomis, "A Conversation with Warren Buffett" [Uma conversa com Warren Buffett], *Fortune,* 25 de junho de 2006. http://money.cnn.com/2006/06/25/magazines/fortune/charity2.fortune/

"*Susie e eu...*", Carol J. Loomis, "A Conversation with Warren Buffett". *Fortune,* 25 de junho de 2006. http://money.cnn.com/2006/06/25/magazines/fortune/chanty2.fortune/

"*A riqueza é simplesmente um monte...*", Alice Schroeder, *The Snowball: Warren Buffett and the Business of Life* (Nova York: Random House, 2008).

A sorte de Buffett

"*Se todos nós fôssemos abandonados...*", "Warren Buffett MBA Talk: Warren Buffett Talk at University of Florida", Google Video, 1:27:35, uma palestra gravada em 15 de outubro de 1998. http://video.google.com/videoplay?docid=-6231308980849895261

"*Nasci na hora e no lugar certos...*", Anthony Bianco, "The Warren Buffett You Don't Know", *Businessweek,* 5 de julho de 1999. http://www.businessweek.com/1999/99_27/b3636001.htm

"*Tive sorte de nascer...*", "Warren Buffett MBA Talk: Warren Buffett Talk at University of Florida", Google Video, 1:27:35, uma palestra gravada em 15 de outubro de 1998. http://video.google.com/videoplay?docid=-6231308980849895261

Alíquota de impostos das pessoas ricas

"*Aposto um milhão de dólares...*", Tom Brokaw, "Interview with Warren Buffett" [Entrevista com Warren Buffett], *NBC Nightly News,* 30 de outubro de 2007. http://www.cnbc.com/id/21553857

"*Quarenta por cento da receita...*", "CNBC's Squawk Box: Interview with Warren Buffett", CNBC, 7 de julho de 2011. http://www.cnbc.com/id/43671706

WARREN BUFFETT EM 250 FRASES

Impostos para operadores de fundos de hedge

Tom Brokaw, "Interview with Warren Buffett", *NBC Nightly News,* 30 de outubro de 2007. http://www.cnbc.com/id/21553857

Sacrifício compartilhado

Warren Buffett, "Stop Coddling the Super-Rich" [Parem de mimar os super-ricos], *New York Times,* 14 de agosto de 2011. http://www.nytimes.com/2011/08/15/opinion/stop-coddling-the-super-rich.html

O imposto sobre propriedades

Alice Schroeder, *The Snowball: Warren Buffett and the Business of Life.*

Impostos pagos pela Berkshire

Carta aos acionistas da Berkshire Hathaway Inc., 1º de março de 1999. http://www.berkshirehathaway.com/letters/lletters.html

Reforma fiscal neutra com relação à renda

"CNBC's Squawk Box: Interview with Warren Buffett", CNBC, 14 de novembro de 2011. http//www.cnbc.com/id/45346040

Lobby e o código tributário

"*Todo trecho do código tributário...*", Guy Rolnick, "Warren Buffett: The U.S. Is Moving toward Plutocracy" , *Haaretz,* 23 de março de 2011. http://www.haaretz.com/misc/article-print-page/warren-buffett-the-u-s-is-moving-toward-plutocracy-1.351236
"*A legislação tributária foi moldada...*", "CNBC's Squawk Box: Interview with Warren Buffett", CNBC, 7 de julho de 2011. http://www.cnbc.com/id/43671706

Referências

Desigualdade de renda

"Se você olhar para essas ...", Charlie Rose, "Warren Buffett, Investor, Philanthropist", *Charlie Rose,* 30 de setembro de 2011. http://www.charlieroseo.com/view/interview/11919

"Se houver uma guerra de classes...", "CNBC's Squawk Box: Interview with Warren Buffett", CNBC, 14 de novembro de 2011. http://www.cnbc.com/id/45346040

"Esse sistema funciona ...", "CNBC's Squawk Box: Interview with Warren Buffett" , CNBC, 14 de novembro de 2011.

A "Regra de Buffett"

"Nos últimos...", "CNBC's Squawk Box: Interview with Warren Buffett", CNBC, 14 de novembro de 2011. http://www.cnbc.com/id/45346040

"Isso é muito importante...", Charlie Rose, "Warren Buffett, Investor, Philanthropist", *Charlie Rose,* 30 de setembro de 2011. http://www.charlierose.com/view/interview/11919

"Eu preferia...", "CNBC's Squawk Box: Interview with Warren Buffett", CNBC, 14 de novembro de 2011. http://www.cnbc.com/id/45346040

Capítulo 7: Lições de vida

Amor incondicional

Willow Bay, "Warren Buffett Interview: The Best Life Advice I've Ever Received" [Entrevista com Warren Buffett: O melhor conselho de vida que já recebi], *Huffington Post,* 8 de julho de 2010. http://www.huffingtonpost.com/2010/07/08/warren-buffett-interview_n_639536.html

O pai de Buffett

"Meu pai... foi realmente...", Alice Schroeder, *The Snowball: Warren Buffett and the Business of Life* [The Snowball: Warren Buffett e o negócio da vida] (Nova York: Random House, 2008).

WARREN BUFFETT EM 250 FRASES

"*Nunca vi meu pai...*", Lara Logan and Charlie Rose, "Person to Person: Warren Buffett", CBS News, 8 de fevereiro de 2012. http://www.cbsnews.com/video/watch/?id=7398062n

Vantagens de Buffett

Alice Schroeder, *The Snowball: Warren Buffett and the Business of Life.*

Rebeldia infantil

Alice Schroeder, *The Snowball: Warren Buffett and the Business of Life.*

Aprendendo ética

"Warren Buffett and Bill Gates: Keeping America Great", transcrição de um encontro organizado pela CNBC na Columbia University, 12 de novembro de 2009. http://www.cnbc.com/id/33901003

A mulher de Buffett

Alice Schroeder, *The Snowball: Warren Buffett and the Business of Life.*

Com quem se casar

"Warren Buffett and Bill Gates: Keeping America Great", transcrição de um encontro organizado pela CNBC na Columbia University, 12 de novembro de 2009. http://www.cnbc.com/id/33901003

Planos de vida

"How Omaha Beats Wall Street", *Forbes,* 1º de novembro de 1969.

Referências

Provocando Jay-Z

Lara Logan and Charlie Rose, "Person to Person: Warren Buffett", CBS News, 8 de fevereiro de 2012. http://www.cbsnews.com/video/watch/?id=7398062n

Rotina diária

"A Colloquium with University of Nebraska-Lincoln Students", 10 de outubro de 1994.

Paciência

Willow Bay, "Warren Buffett Interview: The Best Life Advice I've Ever Received", *Huffington Post,* 8 de julho de 2010. http://www.huffingtonpost.com/2010/07/08/warren-buffett-interview_n_639536.html

Confiança em si mesmo

"Sinto como se eu estivesse...", Alice Schroeder, *The Snowball:Warren Buffett and the Business of Life.*
"Não acredito...", "A Colloquium with University of Nebraska-Lincoln Students" em 10 de outubro de 1994.

Quem Buffett ouve

"Warren Buffett and Bill Gates: Keeping America Great", transcrição de um encontro organizado pela CNBC na Columbia University, 12 de novembro de 2009. http://www.cnbc.com/id/33901003

Indicador de avaliação interno

Alice Schroeder, *The Snowball: Warren Buffett and the Business of Life.*

Seu melhor investimento

John Dunn, "Georgia Tech Students Quiz Warren Buffett", *Georgia Tech Alumni Magazine,* inverno de 2003. http://

WARREN BUFFETT EM 250 FRASES

www.nxtbook.com/nxtbooks/gatech/alumni-winter03/index.
php?startid=17

Trabalho desagradável

John Dunn, "Georgia Tech Students Quiz Warren Buffett",
Georgia Tech Alumni Magazine, inverno de 2003. http://
www.nxtbook.com/nxtbooks/gatech/alumni-winter03/index.
php?startid=17

Amando seu trabalho

"Você deve fazer...", John Dunn, "Georgia Tech Students Quiz
Warren Buffett", Georgia Tech Alumni Magazine, inverno de
2003. http://www.nxtbook.com/nxtbooks/gatech/alumni-win-
ter03/index.php?startid=17
"Faça o que faria...", "Warren Buffett and Bill Gates: Keeping
America Great", transcrição de um encontro organizado pela
CNBC na Columbia University, 12 de novembro de 2009. http://
www.cnbc.com/id/33901003

Integridade

"Warren Buffett MBA Talk: Warren Buffett Talk at University
of Florida", Google Video, 1:27:35, uma palestra gravada
no dia 15 de outubro de 1998. http://video.google.com/
videoplay?docid=-6231308980849895261

Qualidades para o sucesso

"Warren Buffett MBA Talk: Warren Buffett talk at University of
Florida", Google Video, 1:27:35, uma palestra gravada em 15 de
outubro de 1998. http://video.google.com/videoplay?docid=-
6231308980849895261

Referências

Temperamento

"Three Lectures by Warren Buffett to Notre Dame Faculty, MBA Students and Undergraduate Students", primavera de 1991. http://www.tilsonfunds.com/BuffettNotreDame.pdf

Velhice

Lara Logan and Charlie Rose, "Person to Person: Warren Buffett", CBS News, 8 de fevereiro de 2012. http://www.cbsnews.com/video/watch/?id=7398062n

Medindo o sucesso

John Dunn, "Georgia Tech Students Quiz Warren Buffett", *Georgia Tech Alumni Magazine*, inverno de 2003. http://www.nxtbook.com/nxtbooks/gatech/alumni-winter03/index.php?startid=17

Cuidando de você mesmo

Alice Schroeder, *The Snowball: Warren Buffett and the Business of Life*.

A lista Forbes

"CNBC's Squawk Box: Interview with Warren Buffett", CNBC, 2 de maio de 2011. http://www.cnbc.com/id/42859828

Aposentando-se

"CNBC's Squawk Box: Interview with Warren Buffett", CNBC, 14 de novembro de 2011. http://www.cnbc.com/id/45346040

Gerenciando postumamente

Carta aos acionistas da Berkshire Hathaway Inc., fevereiro de 2008. http://www.berkshirehathaway.com/letters/letters.html

WARREN BUFFETT EM 250 FRASES

Os desafios da filantropia
Guy Rolnick, "Warren Buffett: The U.S. Is Moving toward Plutocracy", *Haaretz,* 23 de março de 2011. http://www.haaretz.com/misc/article-print-page/warren-buffett-the-u-s-is-moving-toward-plutocracy-1.351236

Dando um retorno para a sociedade
Carol J. Loomis, "A Conversation with Warren Buffett", *Fortune,* 25 de junho de 2006. http://money.cnn.com/2006/06/25/magazines/fortune/charity2.fortune/

Doando para a Gates Foundation
"Acabei percebendo que...", Carol J. Loomis, "A Conversation with Warren Buffett", *Fortune,* 25 de junho de 2006. http://money.cnn.com/2006/06/25/magazines/fortune/charity2.fortune/
"Ele tem essa visão...", "Warren Buffett and Bill Gates: Keeping America Great", transcrição de um encontro organizado pela CNBC na Columbia University, 12 de novembro de 2009. http://www.cnbc.com/id/33901003
"Estou me associando a duas pessoas...", Carol J. Loomis, "A Conversation with Warren Buffett", *Fortune,* 25 de junho de 2006. http://money.cnn.com/2006/06/25/magazines/fortune/charity2.fortune/

Uma sociedade justa
"Warren Buffett MBA Talk: Warren Buffett Talk at University of Florida", Google Video, 1:27:35, uma palestra gravada em 15 de outubro de 1998. http://video.google.com/videoplay?docid=-6231308980849895261